"知"と"地"の新たな創造 ── 地域創造学部

長崎県立大学シリーズ **2**
大学と地域
University & Region
Faculty of Regional Design and Development

地域創造学部編集委員会編

はじめに

地域創造学部 学部長 公共政策学科　　綱　　辰幸

　長崎県立大学は、2016年に学部学科改組を行い、新しく地域創造学部を創設した。この地域創造とは何だろうか？

　明治の中頃まで、新潟県の人口は、東京府（当時）の人口より大きいものであった。しかし、現在では、新潟県の人口は東京都の約6分の1となっている（平成27年度国勢調査値）。

　我が国の高度経済成長及びその背景にある産業構造における化学工業化の進展は、農業を中心とした第一次産業から第二次産業へと産業構造が変化する中で、就職、進学といった形で農村部より都市部への人口の集中を生じさせた。その結果、都市部では人口が過密となる一方、農村部、町村部などの「地方」では活動世代を中心として人口減少が発生し、離村、廃村などの現象が発生した。

　このようないわゆる「地方」の人口減少やそれによる経済基盤の弱体化に対して、国、地方政府ともいくつかの対策をとってきた。

　例えば、1960年代の全国総合開発計画（全総）は、人口減少地域を開発地域に指定し企業の誘致を促進したり、地域産業の促進のために高速道路などの公共事業を優先的に実施したりした。この全総は、その後、多少性格が変化してくるものの、1990年代四全総、2000年の「21世紀国土のグランドデザイン」まで続くこととなる。

　また、田中角栄元首相の主張した「日本列島改造論」や大平内閣で提唱された「田園都市国家の構想」など、時の政権が地域格差の是正に積極的に取り組んできたことも事実である。

　バブル経済の崩壊後、失われた10年と呼ばれる経済の低成長の中で、地方の経済や行政からは活気、活力が失われていった。

加えて、我が国の人口は、2005年から減少期を迎えた。現在、日本は、急速な高齢化、さらには人口減少とが併存する局面になっている。国立社会保障・人口問題研究所日本の将来推計人口（平成29年推計）によると、このままでは、日本の人口は、2053年には1億人を下回ることが予想される。さらに長期の予想では、2100年における日本の人口は5000万人以下となるとされている。この5000万人という人口は、過去の人口と比較すると明治期を同じ規模ではあるが、明治期と今後訪れるだろう未来の日本では、年齢構成が大きく異なり、このままでは一層の高齢化の進展や、活動人口の減少は避けることができない。

　このような人口減少及び高齢化の進展は、町村部や小規模都市など「地方」で顕著となっている。「地方」では、工場の海外移転、地場産業や地元商店街の衰退などが、直接住民生活に影響を与えることなり、離島や中山間地域などでは、その地域で働くことや、買い物難民など生活することすら困難となる地域さえもみられるようになった。その結果、地域における一層の人口減少や高齢化の進展が進み、地域の文化や行事が維持できない限界集落といわれている地域も散見されるようなった。

　他方で、東京などの都市部でも、人口移動にともなう社会的な人口増がみられるものの、東京都などの都市部では、合計特殊出生率は低く、このことが我が国全体の人口減少の一因となっていることも事実である。

　とりわけ「地方」の人口減少を食い止め、その地域の自立や活性化させて行くにはどうすべきなのか、加えて安定した生活ができるとともに、安心して出産、子育てができるしくみを考えることこそが地域創造学部を創設した目的である。

　このため、本著では、先ず「第一部　地域の見方、考え方」では、「地域創造を考える視点」、「公共政策とは何か」において、地域創造とは何か、その考える視点の一つとして公共政策について述べる。

　次に、「第二部　地域をとらえるデータ」では、「データで考える地域の個性」、「統計データをもとに地域を考える学び　―長崎県立大学における学生教育の実践事例―」として、統計データを利用して、鳥の目、虫の目の視点から地域を考

える。

そして、「第三部　直面する地域課題への対応」では、「高校・大学・地域が連携する主権者教育～長崎県大村市における「票育」事業を事例に～」、「フードシステムにおける食料品の消費問題と消費者」、「長崎県の再生可能エネルギーの現状と可能性」として、今の長崎を中心とした地域の具体的な課題を考える。

そして、最後の「第四部　学生の視点で取り組む地域創造」では、「「ゼミナール」という授業　－地域公共人材の育成を目指して－」、「ゼミを通じた地域貢献プロジェクトについて」、「大学で学ぶということ、地域を創るということ」として、地域創造は地域の人材育成でもあるので、ゼミナール教育など通じた地域で活躍できる人材育成などについて述べる。

　以上を通じて、本書の読者が、地域創造とは何かを考えるヒントを得ていただき、また長崎県立大学地域創造学部はどのような学部かということを理解していただくことを願っている。

"知"と"地"の新たな創造

はじめに

綱　辰幸・・・・・・・・・・・・・・・1

第Ⅰ部 地域の見方、考え方

地域創造を考える視点

古河　幹夫・・・・・・・・・・・・・・・8

公共政策とは何か

西岡　誠治・・・・・・・・・・・・・・・24

第Ⅱ部 地域をとらえるデータ

データで考える地域の個性

鳥丸　聡・・・・・・・・・・・・・・・44

統計データをきっかけとして地域を考える学び
　―長崎県立大学における学生教育の実践事例―

吉本　諭・・・・・・・・・・・・・・・60

第Ⅲ部 直面する地域課題への対応

高校・大学・地域が連携する主権者教育
　―長崎県大村市における「票育」事業を事例に―

石田　聖・・・・・・・・・・・・・・・86

フードシステムにおける食料品の消費問題と消費者

　　　　　　　　　　　　田村　善弘・・・・・・・・・・・・・　108

長崎県の再生可能エネルギーの現状と可能性

　　　　　　　　　　　　芳賀　普隆・・・・・・・・・・・・・　126

第Ⅳ部 学生の視点で取り組む地域創造

「ゼミナール」という授業　―地域公共人材の育成を目指して―

　　　　　　　　　　　　黒木　誉之・・・・・・・・・・・・・　146

ゼミを通じた地域貢献プロジェクトについて

　　　　　　　　　　　　鶴指　眞志・・・・・・・・・・・・・　168

大学で学ぶということ、地域を創るということ

　　　　　　　　　　　　橋本　優花里・・・・・・・・・・・・・　190

あとがき

　　シリーズ「大学と地域」刊行にあたって

　　　　　　　　　　　　　プロジェクトチーム・・・・・・・・・・・・・　213

執筆者の紹介・・・・・・・・・・・・・・・・・・・・・・・・・　216

第Ⅰ部
地域の見方、考え方

地域創造を考える視点

実践経済学科　古河　幹夫

　地域社会の変容には幾つかの要因があるが、とくに人口動態が十年単位で大きな影響を及ぼすことが近年広く認識されてきている。産業構造の変化やグローバリゼーションと称される、情報や経済活動の国内に限定されない影響も無視できない要因である。地域にはそれぞれ独自の歴史と文化があり、容易な比較は皮相なものになりがちだが、それでも同様の人口規模の地域でありながら活性化への手がかりがみられる地域とそうでない地域がある。本稿では、活性化に向けて一定の成果をあげている地域の事例を紹介しながら、地域創造を考えるいくつかの視点を考察したい。

1. 地域資源とは何か

　地域資源とは、地域内に存在する資源であり利用可能な、あるいは利用されている有形・無形のあらゆる要素をカバーする。あるシンクタンクがまとめた調査書によると(総合研究所[2003])、地域資源はまず「固定資源」と「流動資源」に分類され、前者には気候的条件や地理的条件のような地域条件、里山、農地等の二次的自然資源、野生生物、地下水や湖沼等の水資源といった自然資源、遺跡等の歴史的資源、伝統文化や祭り等の社会経済的資源、人的資源などを含む人文資源が挙げられる。流動資源には、農林水産物等の特産的資源と間伐材や下草、落葉等の中間生産物が含まれる。

岩手県の北端、青森県と隣接するところに二戸市があり、漆の生産で有名な浄法寺があり、旧南部地域で豊臣秀吉と最後まで戦った南部一族の武将・九戸政実の要塞であった城跡が残るなど貴重な地域資源を有する地域である。また「座敷わらし」が出現すると言い伝えられる旅館もあるなど物語性の材料もある。東北新幹線開通にともない10年後に二戸駅開設という頃に市長になった小原豊明氏から、「お金がない、やる気もない、若者もいない、『ないない尽くし』の環境だ」と相談を持ち掛けられた真板昭夫氏は、まず地域資源に着目して地域の現状と可能性を住民と一緒に考えようとした。地域資源を「宝」と言い換えて以下のように分類し、「宝を探す」「宝を磨く」「宝を誇る」「宝を伝える」「宝を興す」という発展の段階を想定している。

二戸市における6つの宝

自　然　の　宝	人間にとって生きる基礎、気象、山、川、風景、湧き水、動植物、化石など
生活環境の宝	自然とのかかわりで自然をうまく使って生きていく生活の知恵の体系。料理、織物、郷土食材、地域信仰など
歴史文化の宝	人、物、文化の交流の軌跡と形成された歴史、文化、文化財、歴史街道、年中行事、祭りなど
産　業　の　宝	二戸市の顔であり、外部世界に向けた情報発信力のあるブランド商品とも言える自慢のもの。伝統技術・工芸品、特産品、食材など
名　人　の　宝	先人の知恵や技の受け継ぎと伝承している地域の生き字引や名人。芸能、郷土史、工芸、郷土料理、民話などの名人、達人
要　望　の　宝	まちを良くしようと思う先人の潜在的エネルギー

真板[2016]から。

　人口減少と高齢化が顕著な島根県に邑南町（おおなん）という1万人程度の地域がある。この町が「A級グルメのまちづくり」で注目されている。2011年に定めた「邑南町農林商工等連携ビジョン」のなかで「ここでしか味わえない食や体験」をA級グルメと定義し、地元食材の活用や特産品の開発に取り組むが、中でも「耕すシェフ」の育成はユニークである。地域おこし協力隊の制度を活用してシェフを目指す人々は最長3年間修業をする（年に5人まで）。その間月に16万円程度の所得を得られる。彼らがプロフェッショナルとしての技能を学ぶのが「食の学校」である。こ

左が米倉一喜さん、右が寺本英仁さん。

米倉一喜さんの「野菜バイキングよねくら」。

「食の学校」。

れは子供たちの食育や町民の食意識向上を目的として2014年に開校した。堆肥の作り方、野菜栽培、米作りでは種播き・草取り・収穫を体験しながら学ぶ。地元の家庭に伝わる郷土料理についても学び、地元食材を現代風にアレンジする試みなどにも挑戦している。このA級グルメの発信基地がレストラン「味蔵」と香夢里である。香夢里は「食の学校」の研修先として「耕すシェフ」を受け入れている。

彼らの中には邑南町でレストラン、そば店、手作りパン店等を開業する者もあり、この8年間で10店が開業した。野菜バイキングの店「よねくら」の米倉一喜さんは、神戸市出身、調理師専門学校を卒業後に「耕すシェフ」として研修を積み、築70年の民家を改修して町に恩返しと語っている。

「A級グルメのまちづくり」の仕掛け人は寺田英仁氏だが、もともとは邑南町の特産品をブランド化し大消費地に販売する戦略を立てていたそうである。だが、ブランドとして確立するためには一定

量をコンスタントに出荷する必要があるし、類似の品物との価格競争をつねに意識しなければならない。町の地域資源は何かと問い続ける中で、自分たちの町に来てもらい、食に関する資源を味わってもらうことが町民の誇り（ビレッジ・プライド）にもつながると考え、彼の出身大学（東京農業大学）の人的コ

レストラン「香夢里」：地元の野菜と発酵食が特徴。

ネクションも活用し、「耕すシェフ」のコンセプトが形成されていったという。農業に関する地域資源を特産物としてみるのか、その農産物を生み出す環境（土や水など）や農民に体現されている知恵・知識とみるのか。地域資源には多機能性、他の地域資源との関連性・連鎖性があり、その認識を活性化構想につなげることが重要である。

2. 経済、交流、コミュニティ

　全国的に商店街の衰退・苦境が伝えられる一方で、所有と経営の分離方式で大掛かりな再編をすすめる丸亀商店街や、さまざまなイベントで集客に成功している佐世保市四ケ町商店街など、活性化の成功事例も少なくない。豊後高田市の「昭和の町」も九州において成功事例の一つとされている。ポイントは昭和の雰囲気が感じられる商店街を残すことに加えて、昭和世代が子供・青年の頃に夢中になったおもちゃや雑誌・レコードを展示する「昭和ロマ

昭和ロマン蔵。

地域創造を考える視点　　11

商店街にある薬局店。

ン蔵」を設置し、観光化したことである。土日祝日には大型バスで観光客が訪れる。

しかし、久繁氏によると、地元市民はどこで買い物をしているのか？　別のところにある大型商業施設で買い物をし、談笑を楽しんでいる。結局、豊後高田市の事例は観光振興という評価軸でみれば成功事例だが、商店街活性化という評価軸でみれば失敗であるという（久繁[2013]）。

地域活性化によって人々は何を期待するのだろうか。雇用の増大、商店などの売り上げアップ、所得増加、訪問者・観光客の増加など、経済的なものがある。同時に、知名度アップ、Uターン者など移住者の増加、サークル的な活動の活発化など非経済的なものもある。各種イベントの開催によって何回かの盛り上がりが見られたとしても、補助金がなければ赤字という状態であれば長続きしない。「稼げる地域でなければ意味がない」といった声が、実際に活動したことのある人々から聞かれることがある。

大学の経済・経営系学部では基礎的な科目として経済学入門などで、市場（シジョウ）という仕組みを繰り返し学ぶ。多数の売り手と買い手が存在して、自由な取引が行われる。当然、競争が働くので、より安く、より良いものを売ろうという圧力が働く。価格が財・サービスの価値を示す代表的な指標であり、需要と供給をバランスさせる役割を自動的に果たしている。市場はまさに経済という営みを支える仕組みである。地域活性化の成功・失敗を経済的な軸だけで測ろうとするなら、収益あるいは利益という物差しこそが重要になる。

しかし、経済的な営みは市場という仕組み以外の仕組みを通じて行われることがある。カール・ポランニーは、市場、再分配、互酬という仕組みで複合的・多層

的に経済活動を見ることを主張した。「互酬」とは、贈与とも称されるメカニズムであり[1]、例えば献血のように、提供者は無料で（ジュース等の対価はあるかもしれないが）血液を提供する。「再分配」はある中心点が権威・権限をもって血液を集めるやり方であり、戦時中や緊急時などに半ば強制的に血液を集めるやり方である。「市場」方式で血液を確保しようとすれば、提供者から血液を「買い」、血液を集めた組織は必要な人にそれを「販売」することになるだろう。

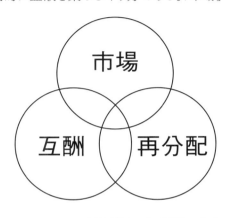

　この3つのメカニズムは必ずしも相互に排他的なものとは限らず、中間形態もありうる。地域の高齢者に食事提供、買い物支援、掃除サービスといった広い意味での介護サービスを提供する場合を考えてみよう。地域の有志がボランティアで行う場合、「互酬」にあたり、無料かそれに近い対価で臨機応変に行われるだろう。専門職の高いサービスは難しいかもしれないが、手作りの心のふれあいがある。有志の入れ替わりなどで持続性に不安があるかもしれない。一方、ビジネスとして行うことは可能である。提供するサービスの質に応じて料金も異なろうが、利用者はそれも承知である。でも利益が見込めない地域では引き受けてくれる企業が見つからないかもしれない。公的にこのサービスを提供する場合は、基本的には一律使用料で、同質のサービス提供が基本になる。利用者の所得の多少によらず必要なサービスを提供することが重視されるならば、このメカニズムになる。コミュニティ・ビジネスは「市場」と「互酬」の混合的な形態であり、地域の実情、担い手、提供するサービスの内容などに応じて、それにふさわしい形態が探られるべきである。

　経済活動の血液とも言える貨幣（マネー）に関して、地域通貨が地域活性化の切り札として大いに注目されたことがある。地域通貨・補助通貨の試みは世界的にとくに不況期に、また地域経済の不振を打開するためさまざまなところで行わ

れている。西部忠氏は地域通貨には経済メディアと社会・文化メディアの二面性があるとしている（西部[2013]）。財・サービスの地域内循環の比率を上げるため、マネーをうまく使う必要がある。そのためには、地域通貨という形態でなくても、既存の地域の金融機関による融資やクラウド・ファンディングも含めた柔軟な仕掛けが求められる[2]。

　合理性と損得計算が支配する経済活動も元来はより広い社会システムの中で行われる。いわば経済は社会の中に「埋め込まれて」いる。人の顔が一層見えやすい地域の経済はなおさら人間の相互関係と交流の網の目と密接に絡み合っている。

3. 人のつながりを理論で考える

　地域づくりは人である、と言われる。人口規模が同様の高齢化した村で、活性化に向かっている村と衰退のままなすすべのない村で何が違うのか？　鹿児島県鹿屋市の柳谷集落（通称「やねだん」）は人口わずか300人で例にもれず過疎高齢化の集落であった。自治会長豊重哲郎氏のリーダーシップのもと、1997〜1998年に住民総出でカライモの生産、工場跡地の「わくわく運動公園」への整備などの取り組みを始めて、自主財源を確保しそれを住民福祉や地元生徒の勉強補習費用に活用したり、住民に「ボーナス」として現金還付したりと、全国的に注目されるモデルケースとなっている。

　リーダーが果たす役割は極めて大きく、また、それはドラマに満ちた物語でもある。豊重哲郎氏も高等学校を卒業して上京し銀行で勤務するが、学歴の壁に「挫折感」を味わい帰郷して幾つかの仕事を経て、自治会長になった経緯がある。リーダーはコミュニティの苦境、希望、次世代への責任を体現している。リーダーシップに関する考察・研究は経営学においてなされてきたが、リーダーは必ずしもオーソリティ（広く認められた権威）の裏付けをもっているとは限らない。インド独立の際のガンジーなどはオーソリティを持たずに稀有なリーダーシップを発揮した事例である（ハイフェッツ[1996]）。わたしたちの心からリーダー待望論を払拭することは難

しいが、役職や肩書がなくても地域住民の誰でもがリーダーになる可能性があると考えるべきであろう。

　人のつながりを分析する概念にソーシャル・キャピタル(social capital)がある。直訳すれば「社会資本」だが、社会資本は道路やダム、港湾といったインフラストラクチャーを指す用語として定着しているので、「人間関係資本」とも訳されている。同程度の規模のコミュニティであっても、片や自発的な集まり(クラブやサークル等)が少なく、イベントへの参加も芳しくないところがあり、片やスポーツや婦人会の催し事が盛んで、イベント等の参加も活発である場合、後者をソーシャル・キャピタルが豊かであるという。米国のコミュニティの変容を分析したパットナムの『孤独なボーリング』という研究が象徴的である。草の根のコミュニティが活発であることが建国からの米国社会の特徴であり、トゥクビルも着目した特徴であった。パットナムによれば1990年代の米国において、1960〜1970年代と比べてソーシャル・キャピタルの衰退がみられたという。それは、選挙活動への市民参加率、自発的結社への加入率、PTAの会員数、地域のクラブへの参加、労働組合加入率、社交的訪問の割合などに表れている。その要因として、共稼ぎ家庭が増大し時間的余裕が減少したこと、郊外化等により通勤時間が増大したこと、テレビ等の娯楽手段が増大し余暇時間の私事化が進んだこと等を指摘している。その結果の象徴的な現象が、かつては職場や同窓の仲間で楽しむ手段だったボウリングを、いまや一人でスコアに喜びを見出すだけの孤独な姿が多い、というわけだ。

　ソーシャル・キャピタルの概念は社会学的な分析において用いられるだけでなく、教育や政治、ビジネス、途上国の開発施策などの分析にも広く用いられている。「資本」である以上、人への投資が重要になるが、人的資本が技術、知識、資格を得るための訓練や実践プログラムへの投資であるのに対し、ソーシャル・キャピタルは他の者がもつ資源へのアクセスや借用を可能ならしめるための社会関係への投資、という点で違いがある。

　人のつながりはさまざまなかたちをとるわけだから、ソーシャル・キャピタルにもさまざまな形態がある。波佐見町には「朝飯会」という集まりが長く続いており、こ

地域創造を考える視点　　15

れが地域活性化の大きな原動力になっている。もともとは地元有志が勉強会としてはじめた集まりで、定着してからは毎月第一土曜日の朝6時から開催している。1カ月間の仕事や生活の中で感じたこと、読書で印象に残ったことなど参加者が自由に3〜5分程度でスピーチしあうというシンプルな集まりであるが、地域の重要な情報や取り組みの準備・反応などもやり取りされ、たんに情報交換会というより、常連参加者にとっては

スピーチしているのが波佐見焼振興会長の児玉盛介氏。

「道場」のごとき観を呈している。

　よそ者と言われる人々は「朝飯会」に参加し、外からの知見を投げかけ、地元の人々は彼らの目線を意識しつつ自分たちの経験を語る。実にさまざまな人々が入れ替わり立ち代わり、またリピーターとして、波佐見について、各々の地域や職業について語り合うのである。ソーシャル・キャピタルの「架橋的」機能が存分に発揮されている。

　長野県小布施町でオープンガーデン事業として行われている「おぶせオープンガーデン」の取り組みも、景観を磨く観光事業と言えるが、ソーシャルキャピタルの一形態ともいえよう。昭和55年ころから市民の間で自宅庭の花栽培が盛んであったが、英国のオープンガーデン「イエローブック」をヒントに専門家の助言で、平成12年から38軒でスタートさせた。町は参加家庭一覧を載せたオープンガーデンブックと各家庭の看板のみを用意し、苗代等の補助は行っていない。ただ、花づくり支援のため、ヨーロッパへの海外研修や花づくり技術・デザイン等に関する情報発信や苗の販売を行っている。旅行者は無料かつ無断で参加家庭の庭に立ち入り見学できる仕組みで、住民間のみならず旅行者と市民の間にも信頼

感がないと存続しない取り組みである。ソーシャル・キャピタルには信頼、規範、ネットワークが含意されるが、それが如実に表れている。参加家庭は130軒（平成26年度）にまで増え、市民のあいだで景観に対する意識の向上にもつながっている。

4.アートの活用

　アートを地域活性化に活用しようという取り組みが全国的に盛んである。最も規模が大きくて代表的なものは新潟県の妻有（十日市市と津南町）で3年おきに開催されている「大地の芸術祭」と、瀬戸内海の島々を舞台に3年おきに開催されている「瀬戸内国際芸術祭」である。長野県飯田市の「人形劇フェスティバル」は子供から大人まで市民参加で、海外の劇団も数多く参加し、息の長い取り組みである。

　「大地の芸術祭」は面積760平方キロメートルという琵琶湖に匹敵する地域、人口7.5万人が住む地域で、2000年に初めての開催された芸術祭である。訪問者は16万2800人であった。広い地域に作品が点在しており、車で回っても1日で見て回ることはできない。見学する立場からすれば数カ所に集中して展示されているほうが便利だろうが、主催者の考えでは、豪雪地帯での農業を主にした生活実態をも看取してほしいため、あえて各所に点在させてある。総合アートディレクターの北川フラム氏によれば、「四国八十八カ所巡りや、金毘羅さんの千段の階段、わざわざ山の上まで登る醍醐寺など、……身体全体を使った旅」を訪問者にしてほしいという。2012年の第5回芸術祭は48万9000人の訪問者を数えるにまで発展している。

　現代アートは一般の市民にはなかなか理解しがたいものでもある。アートの活用において想定される芸術（アート）とは、美術館に展示される絵画・彫刻等の作品や、コンサートホールで演奏されるクラシック音楽のような純粋芸術だけではなく、鶴見修輔がいう「限界芸術」のように日常生活において作成され、演じられるものも含まれる。

　全国的なアートプロジェクトを総括した熊倉純子氏によれば、文化・芸術活動

地域創造を考える視点　　17

が地域活性化に果たす役割には次のようなものがある。

①経済・産業振興のとしての視点。アートプロジェクトは新たな観光資源になりうる。

②まちづくり・コミュニティ形成としての視点。交流人口の拡大、Uターン者やIターン者の促進、アーティストという「異物」が既存のコミュニティに刺激を与える。

③教育としての視点。アーティストがさまざまな企画を学校に持ち込んだり、地元住民と一緒に取り組んだりすることで、眠っていた創造性が覚醒されることがある。

④社会的包摂という視点。さまざまな問題を抱えたり孤立している人々に地域参加の機会を与える。

　日本は明治期からの近代化、そして敗戦後の復興から経済成長へと社会の産業化に成功したモデルケースであった。教育においても産業化に適応したシステムを構築し、とりわけ小学校から高等学校までの教育は研究者（エズラ・ボーゲル等）から称賛されるほどであった。成熟社会へと移行しつつある現在、理性や悟性と並んで重要な感性の教育が注目されている。「情動の知性」は人がもつ衝動をコントロールする能力、他人の心の奥にある感情を読み取る能力に関わるものであり、人間関係を円滑に処理する能力の基礎になる。美の体験は何らかの感動を伴うもので、異質なものとの出会い、アーティストが伝えようとすることを看取することが含まれる。芸術は五感に訴えるものであり、芸術教育は感情・感性教育といえる[3]。子供であれ大人であれ人を育てるうえで広義の芸術の果たす役割は大きい。

　地域コミュニティとの関連では、地域社会の歴史や伝統を芸術的表現でしか伝えられないものがある点を認識したい。福岡の炭鉱での労働や生活を描いた山本作兵衛の絵画は、坑内の過酷な労働、炭住での助け合う様子など、汗と掘削の汚れの感触や盆踊りの歌声が聞こえてきそうである。長崎の潜伏キリシタンの歴史は多くの文章に記録されているが、遠藤周作の小説『沈黙』を映画化した

映像やオペラに接すると、見る者は数百年の時間を超えて潜伏キリシタン達と同じく、幕府の追手から逃れられるかと身を潜め、絶体絶命の間際に救済を祈るしかなかった人々と一体化する。これはたんに昔の物語ではない。同じこの地で生きた何世代か前の祖先の話なのだ、と。感情と記憶の共同体を表現し伝えるのは芸術である。

5.波佐見町の活性化から

　長崎県に波佐見という陶磁器の産地がある。400年の歴史をもち江戸時代には世界有数の登り窯で庶民向けの器を大量に生産し、京都・大阪にまで出荷していた産地である。隣の佐賀県有田は日本を代表する磁器の産地であり、波佐見は有田焼の裏方的役割にとどまっていたり、有田で制作する器と似たような陶磁器を制作しながらも「有田焼」の名称で販売していたこともあった。そのような理由により有田焼の知名度は高い一方で、波佐見焼という知名度は極めて低かった。

　1980（昭和55）年〜1990（平成2）年のピークであった時期と比べて、出荷額およびそれに関連して従業員数が1/3に激減した十数年前（2003〜2004年）ごろから、陶磁器の復活と地域活性化の模索が始まった。地域資源として陶磁器は当然ながら主要な資源である。景気低迷、生活スタイルや食生活の変化、人口減少、安価な輸入品の蔓延といった全国共通の要因に加えて、産地としての認知度がきわめて低く、低い価格帯での商品が多いこともあり付加価値を上げることが難しいため、窯業従事者の所得も伸び悩み、関係者のあいだでは廃業の危機が他人事ではなかった。

　業界を中心として波佐見焼振興会は「陶器まつり」の発展、販路拡大に努力し、窯元で構成される陶磁器工業協同組合は、首都圏の目の肥えた消費者の意見を直接に聞くことが大切として、毎年2月に東京ドームで開催される「テーブルウェア・フェスティバル」に出展することを呼び掛けた。波佐見焼のブランド化を目指すという方策は当然ながら着想されるが、そのコンセプトは何か？　これはな

陶磁器の里である波佐見の中尾郷、山裾に登り窯跡が見える。

かなか難しいことであった。安価な日用食器を大量に生産してきた産地、という特徴をアピールするのであれば、すでに100円ショップ等に並んでいる中国などからの輸入品とどのように差別化できるのか。一方、有田焼と似た陶磁器を生産していたこともあり、従来通り有田焼との関連性で発展をさぐる方向もあったろうが、有田焼のラベルは使えない中、有田焼とは異なる波佐見焼とは何なのか？　当時から陶磁器デザイナーとして有名な森正洋氏が白山陶器で指導にあたっており、白山陶器は全国的に通用する陶磁器メーカーであった。波佐見の窯元がすべて白山陶器のスタイルを模倣すべきなのか？

　町役場は「来なっせ100万人」をスローガンに観光事業を柱の一つにすえて体験型・滞在型観光に力を入れてきた。温泉の復活やホテルの誘致を支援し実現にこぎつけている。また、雇用先の確保という点で企業誘致にも努力し、長崎キャノンの誘致に成功している。町の有志がNPOグリーンクラフトツーリズムを結成し、波佐見の地域の特性を活かしたまちづくりのあり様を勉強し、実験的な企画を提示し住民への呼びかけの一つのセンターになっていった。地域ブランド形成という点では、上記テーブルウェア・フェスティバルのディレクターであった今田功氏が、波佐見を陶磁器産地復活のモデルケースにしたいという意向もあり、「カジュアル・リッチ」というコンセプトを提案し、しかも個々の窯元への助言・指導の先頭にもたち、新しい波佐見焼イメージ確立に貢献した（長崎県立大学学長プロジェクト[2016]）。

　地域活性化の模索過程は、地域資源を見つめなおし磨く過程でもあった。陶

磁器は主要な地域資源であるが、従来どおりの評価軸にとらわれていれば有田焼の後塵を拝したままであっただろう。農業も重要な地域資源であり、400年ものあいだ半農半窯的な生業で田畑・山地を守ってきた地域の風景と生活のスタイルそれ自体が地域資源である。生活文化の必須のアイテムとしての器という視点から陶磁器を捉えなおすこと。現代の高度に都市化し工業化した時代にあって職人的なものづくりの拠点であること。全国の陶磁器産地には「民藝」風の様式を特徴とする所がいくつかある。関東の益子焼、九州の小鹿田焼、沖縄の壺焼など、民藝運動の指導者であった柳宗悦や濱田庄司らの強い影響のもと、独自の存在感を示している。彼らと一緒に民藝運動を主導した中に富本憲吉がいた。彼は途中で民藝運動から離れるのであるが、波佐見にも何度か滞在し古陶磁器の研究や窯元の指導にあたっている。彼は英国におけるアーツ＆クラフト運動に大きな関心をもち、その観点から波佐見の潜在力を見ていたと思われる。芸術と工芸を別個のものとせず、いわば連続的なものととらえ、地域の伝統を尊重しながら生活文化の向上に資する芸術・工芸を展望したのである(古河[2011])。

　生活文化の中の器という観念は、器を囲む人々は何を食べるのだろうか、どんな会話を楽しむのだろうか、どんな人たちが集うのかといった風にイメージの広がりを生む。まちづくりは人だ、「バカ者、若者、よそ者」が鍵だと言われる。「バカ者」とは、たとえ周囲の無理解や反対があってもひるまずに地域活性化のために駆け回る人である。リーダーと読み替えれば、町長の一瀬政太氏、波佐見焼振興会長の兒玉盛介氏、NPOを立ち上げた深澤清氏、陶磁器工業組合長であり白山陶器社長の松尾慶一氏がリーダーである。若者でありよそ者である岡田典弘氏は東京でレストラン勤務の後、波佐見に出会い製陶所跡の事務所をカフェ「モンネ・ルギ・ムック」に改装し、評判のスポットに育て上げた。彼の人柄を慕い、地元の若者が「ムック」を止まり木のようにして集まり、新しい波佐見の中心の一つになっていった。この製陶所跡地には雑貨店やアンテナショップができ、最近では「833スタヂオ」として比較的大きな空間を有する建物が、各種イベントに使用されたり、ボルダリングを設置したりと人気のスポットになっている。

地域創造を考える視点　　21

「よそ者」という点では多彩な支援者が入れ替わり波佐見とかかわってきたことも重要な特徴である。東北出身の陶芸家長瀬渉氏、元リクルート社員で助言者の井手修身氏、JR九州幹部の町孝氏はホテル社長の頃から観光の面で支援をしてきた。長崎県立大学の教員・学生も支援者であった。経済学部(当時)であったため、販売・マーケティングの面での助言にとどまらず、「お隣さん」の長所を活かして講演会の開催や海外への情報発信、窯業関係者の現場知・暗黙知の文字化に貢献してきた。産学連携の一つの姿である。

　多くの「よそ者」が関わってきたのは、一つには波佐見という地域が持っている開放性があろうが、人の魅力が彼らを引き付けるのではなかろうか。そもそも窯業を中心にした比較的密度の高い地域共同体であり、ソーシャル・キャピタルは充実していると言える。有志によるまちづくり先進事例の視察も盛んで、アメリカのポートランド、中国の文化地区「789」、ニュージーランド等々に懇親を兼ねて旅行している。町孝氏は、ここ十数年の勢いが持続すれば波佐見は湯布院を超えるかもしれないと激励し、地元出身の河野茂長崎大学長は、グローバル化が進む世界で町内外の人々が語り・学びあう場として波佐見町が輝くことに期待しエールを送っている(波佐見焼振興会[2019])。まちづくりの教科書とも称される波佐見町。「手の届く幸せ」を体現できるか、今後もその展開に注目したい。

「833スタヂオ」。右手にボルダリングの設備がある。

注

1 モースの「贈与論」については、松村圭一郎『うしろめたさの文化人類学』ミシマ社、が入門的な書籍としてわかりやすい。「市場」「再分配」「互酬」をハンガリーの経済学者コルナイは、経済的調整の諸類型のうち「市場的調整」「官僚的調整」「倫理的調整」として整理している。コルナイ『「不足」の政治経済学』岩波書店。

2 元日銀証券課長で場所文化フォーラム名誉理事長の吉澤保幸氏は、地域活性化に賛同する有志による「志金」やふるさと納税等を原資に「地域創成基金」を創設し、地域内循環を促進する取り組みに融資・助成することを提案している。(長崎県立大学編集委員会[2017])

3 情動の涵養は社会で成功するのに必要な能力であることを、心理学者ダニエル・ゴールマンが「こころの知能指数(Emotional Intelligence)」と名付けて広く知られるようになった。『EQ—こころの知能指数』講談社を参照。

参考文献

稲葉陽二 [2011]『ソーシャルキャピタル入門』中央公論社.

大江正章 [2015]『地域に希望あり』岩波書店.

北川フラム [2015]『ひらく美術』筑摩書房.

熊倉純子監修 [2014]『アートプロジェクト—芸術と共創する社会』水曜社.

寺本英仁 [2018]『ビレッジプライド』ブックマン社.

長崎県立大学編集委員会編 [2017]『創る＊まち 育てる＊ひと』長崎新聞社.

長崎県立大学学長プロジェクト編 [2016]『波佐見焼ブランドへの道程』石風社.

西部忠編 [2013]『地域通貨』ミネルヴァ書房.

ハイフェッツ、ロナルド [1996]『リーダーシップとは何か！』産能大学出版部.

波佐見焼振興会編 [2019]『波佐見は湯布院を超えるか』長崎文献社.

久繁哲之介 [2013]『商店街再生の罠』筑摩書房.

古河幹夫 [2011]「手仕事の伝統とまちづくり」長崎県立大学産学連携チーム『波佐見の挑戦』長崎新聞社.

真板昭夫 [2016]『地域の誇りで飯を食う！』旬報社.

松下幸人 [2017]「焼き物の里 波佐見町の元気の秘訣」長崎県立大学編集委員会編『創る＊まち 育てる＊ひと』長崎新聞社.

三井情報開発株式会社総合研究所 [2003]『いちから見直そう！地域資源』ぎょうせい.

公共政策とは何か

公共政策学科　西岡　誠治

　社会に役立つ実践的な高等教育が時代のニーズとして定着した現代、公的立場からの社会貢献を志向する「公共政策」の名を冠した大学組織は全国に数多く存在する。著者もそれらの一つ、長崎県立大学に2016年4月に創設された地域創造学部公共政策学科に在籍して、政策に関連した教育・研究を通じて、学生達と共に地域社会に向き合う日々を送っている。

　その過程で実感するのは、離島・半島等の地方部はもとより、都市部においても各種問題が日々新たに発生しており、解決ニーズは増大の一途をたどっていることである。一方で、対応すべき資源としての資金や組織、人材の制約が厳しい壁となって立ちはだかっている。そのような状況に、いかに取り組めば良いのか、日々頭を悩ましているのが公共政策の現場である。

　本稿では、タイトルに掲げたように、公共政策の概念と基本的な枠組みについてご説明する。公共政策について未だ体系的に学んだことが無い学生や社会人の皆さんに、その大枠を理解していただくことが目的である。著者は国土交通省の前身の建設省に1982年4月に入省して、2015年3月に退職するまでの33年間、国や地方公共団体、公団等、さまざまな行政機関で実務に携わった。それらの経験から得た現場実感に沿って記述したいと思う。

　読者各位が、今後、公共政策の受け手として、もしくは担い手として関わって行かれる上で、小文が多少なりとも参考になれば幸いである。

「公共政策」という言葉は、「公共」と「政策」という2つの単語の合成語である。まずは、これら2つの言葉についての説明から始めることにしよう。

1.公共

「公共」とは英単語"public"の訳語であり、単に「公」と言われたり「公的」と言われたりすることもある。社会的に開かれた性質を意味する言葉で、行政活動として取り組まれる上での一つの前提条件となるが、民間活動にも公的なものは多く存在するので、それ自体を厳密に定義しようとすると取り扱う範囲が広くなり過ぎて、逆に意味が不明瞭になるという難点がある。

このような抽象概念を解説する際には、より意味が明瞭で限定的な対義語を取り上げ、その説明から始める手法がよく用いられる。ここでも、その手順に沿ってご説明したい。

私たち人間は、この世の中で生きていくために日々様々な活動を行っているが、その基本的な行動戦略は「私（わたくし）」と「公（おおやけ）」の2つに区分して考えることが可能である。以下では、まず公の対義語としての私に着目する。

（1）私（わたくし）

地球上の生命体は、物質的には地球上に存在する元素の集合物であり、内と外とで常に物質を流動させることによって存立している。その一個の生命として自己認識する単位が「私」であり、その存続を図ることが生命としての基本行動であると言うことができる。

そのように、一個の生命体として自己の利害得失に関心の重点を置いて取り組むことが「私（わたくし）」、私的視点からのアプローチである。英語では"private"と表現される。生物としての基本戦略で、自己が個として世の中のさまざまな脅威に耐えうるだけの強さを獲得することを目的に行動する。具体的には、自己の体力・知力の増進を図り、経済的に安定した状態を確保し、さまざまな外部からの負荷や突然の環境変化にも適応できる強さを持った存在となるよう動機付けがなされる。自己の利害を第一に優先するため、「利己的立場」と言うこともできる。

公共政策とは何か　25

この私的な活動においては、目的達成のために投入される資源と成果とが線形関係にあること、すなわち投入量が多いほど良い結果が出ることが期待される。このため、個々人が努力して結果を出す姿勢や取り組みが評価され、奨励される。学齢期における勉学は、その典型である。

（2）公（おおやけ）

　このような生命体としての自己保存戦略の発展形として、私達は個人の力では抗しがたい、より広範囲で規模の大きな問題に対処するため、社会を形成する能力を手に入れた。人類が、視力、聴力、跳躍力などの基礎能力において他の多くの動物達に見劣りするにも関わらず、地球上で最も繁栄した哺乳動物となり得たのは、社会の中での一員として生きる術を身につけ、他の個体と協調関係を築きながら外的脅威に抗することが可能になったからに他ならない。

　そのように、自己が所属する社会の成功を通じて、結果的に自己の成功を得ようと取り組むことを「公（おおやけ）」と言い、公的視点からのアプローチを指す。英語では"public"と表現される。自己単独の直接的利害よりも周囲の人々を含んだ社会的利害を優先するため、「利他的立場」と言うこともできる。

　公的な取り組みにおいては、私的な取り組みにおいて期待される投入と成果との線形関係が成り立つことはまれである。ゼロサムゲームに代表されるように、特定の者の利益の最大化が他者の不利益を生み出し、それによってもたらされる社会のひずみが全体の効用を引き下げるということはよく見られることである。また、質素倹約は私的には美徳とされるが、社会的風潮としてとらえた場合には、有効需要を押し下げ経済活力低下の元凶とされる例を挙げることもできる。

　このように、公的取り組みにおいては、個々人の利害得失を超え、社会全体として成果を上げるための総合的視野を持つことが求められる。

（3）公私の関係

　通常は、生命体の基本である私的立場から基礎的な体力や知力を身につけ、自分のことは自分で出来るだけの能力を培った上で、社会において公的に活躍することが期待される。その意味では、私的立場の確立が基本で、公的活動は二

義的なことだと言うことができる。

　他方で、人類の社会経済活動が拡大して世界中で起きる出来事が私達の日々の暮らしと直結するようになってきていること、また、科学技術の進歩によって人間活動が地球環境や生態系に重大な影響を及ぼすようになってきていることなどから、公的取り組みが以前に増して重要性を帯びてきている。

　辞書的に言うと、「私的」と「公的」は対義語であるが、現実社会における人間の生存戦略という観点からすると、「私的」立場では解決できない問題に対処するために「公的」立場があるわけで、両者は矛盾するものではない。私的立場を追求した結果、その限界に気づかされ、公的立場の必然性が明らかになるものである。両者は対立概念でありながら、実はつながっているのである。

　私達人間の成長を計る指標にも、私的な能力と公的な能力、すなわち社会性の両方がある。体力や学力などは前者であるが、コミュニケーション能力や人柄、人望などは後者に属する。二つが兼ね備わって初めて人間として一人前ということができる。自己関心ばかりが旺盛で公的活動に無頓着な人には、未熟さを感じるものである。他方で、自分のことも満足に出来ないまま他人の世話を焼きたがる人には、まず自分のことにしっかり取り組みなさいと言わねばならない。

　日本経済団体連合会が会員企業に実施している新卒採用に関するアンケート調査で、毎年「選考にあたって特に重視した点」の最上位にコミュニケーション能力が挙げられるのも、企業が人材に求める能力として、社会性が最も重要視されていることを示している。しばしばこれを、企業が採用に際して学力を軽視しているように捉える論調も見られるが、先の段階認識に立つならば、学力を始めとする私的な能力をきちんと身に付けた上で、公的な能力をも兼ね備えるに至った人物が、社会において真に求められているということが理解されるであろう。

　以上申し述べてきたように、人類が生存していくための基本戦略である私的利害追求の必然的な到達点として、社会を成立させ健全に機能させようとする公的な方向性、すなわち「公共」は存在するのである。

2. 政策

「政策」を辞書で調べると、「政府や政党が活動する上での基本的な方針」という解説がなされている。では、何のために政府や政党が活動するのかというと、それは社会に存在するさまざまな問題を解決するためである。

（1）問題解決

私達は常日頃、多くのものごとに問題を感じながら生活している。「政策（policy）」とは、それらの問題に対処し、解決に向けて取り組む方向性と定義することができる。英語では公私を問わず"policy"という単語を用いるが、日本語で私的な問題に対処する場合に「政策」という言葉を用いることはまれであり、「方針」と言う方がしっくりする。「政策」という言葉は、社会問題の処理など私的な解決が困難な場合に限定して使われることが一般的である。このように、公的な立場からの問題解決の取り組みを「公共政策（public policy）」と言う。

佐々木信夫氏は、著書『日本行政学（学陽書房）』において、問題を図表1に示すように現状（現在の姿）と目標（あるべき姿）との水準にギャップ（L2−L1）があることと定義しておられる。私たちの身の回りで問題とされる事象を改めて見直してみると、この定義が普遍的に適応できることに気づかされる。この水準にあって欲しいと考える、健康、学力、経済、社会などの状態に比べて、現状が劣っている場合に、私たちはそれらを「問題」と認識する。それらに対して解決する方向性を持つことが"policy"、すなわち「方針」あるいは「政策」なのである。

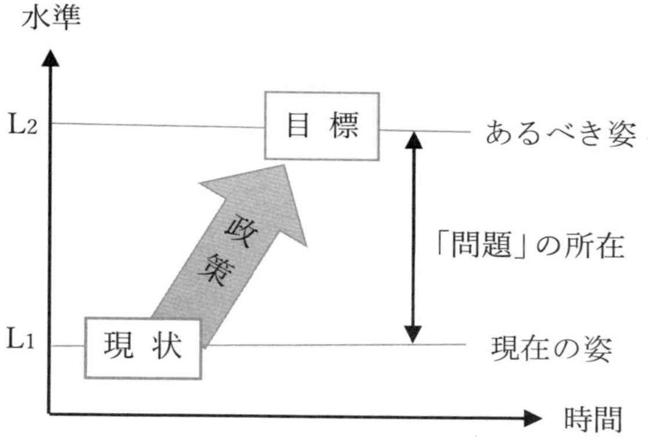

問題は、方針あるいは政策として取り組まれる意思決定がなされて以降は「課題」と呼ばれるように

図表1　問題と政策

水準

L2　目標 ── あるべき姿

政策

「問題」の所在

L1　現状 ── 現在の姿

時間

なる。課題とは、自らその問題の解決に取り組む責任を認識した対象である。

　私たちの回りは問題に満ちているが、それらのうち自ら解決すべき課題として取り組むことができるのは一部に過ぎない。そのように、課題と呼ぶに至るには決意が必要で、その代償として、課題になり得なかった問題の解消は後回しにされる。個人的な問題への対応であれば、課題設定の結果責任をその個人が負うだけであるが、社会問題の場合には、選定の対象から外れた問題の当事者からの反発は必定となる。また大規模公共施設の建設などのように、多くの住民の問題解決を目的とした政策が、建設地付近で暮らす人々の不都合を引き起こすこともしばしば見られる。このように、公共政策に百点満点はあり得ない。

(2) 政策の三階層

　大きな方針としての政策を、実際の社会問題に適応して具体的な効果に結びつけるために、図表2に示すように、抽象的なものから具体的な物まで三階層に分けて取り扱うことが一般的である。

　最上位の基本的な問題解決の方向性を示すのが「狭義の政策(policy)」で、最も抽象的な概念枠組が述べられる。選挙の時に目にする政党や候補者の公約はこれに当たる。分かりやすく方向性が述べられているのが利点で、選挙の際の政権選択ツールとしては適しているが、実際の問題解決のためには、より具体的な取り組みが必要となる。

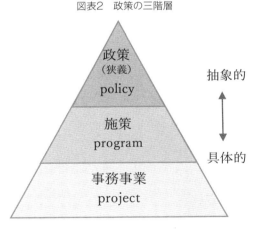

図表2　政策の三階層

　そのために定められるのが、一つ下のレベルの「施策(program)」で、政策実現のための取り組みが分野ごとに具体的に提示される。この施策が体系的にかつ順序だって示されることによって、政策がどのように実現していくのかが明らかに

なる。

　狭義の政策としての「財政赤字の解消」や「水不足解消」に異論が出ることはないが、施策として「消費税増税」や「年金受給年齢の引き上げ」、「ダム建設」などの具体的内容が提示されることで、問題当事者の賛否が分かれることになる。

　施策の下の個別の実施事項が「事務事業（project）」である。担当部署と実施期日、予算などが決められて、具体的に取り組む体制の整った個別の業務がこれに当たる。この事務事業が円滑に実施されて、初めて政策目的が達成されることになる。ただし、現実の公共政策が取り組む問題は、その問題構造が複雑で未解明のものも多いため、試行錯誤による成功と失敗が繰り返されながら、全体としての成果が目指されることになる。

　単に「〇〇政策」という場合、これらの三階層の全体を指す場合と、狭義の政策のみを指す場合、時には施策レベルのことを意味することもあり、まちまちである。とくに担当者は、自ら取り扱う対象をより重要で上位なものと捉える傾向があるので注意を要する。実際には、個々の事務事業や施策は相互に影響し合いながら効果を発揮しているのであり、政策の全体像を捉え、自らの立ち位置を確認する視点が常に必要となる。

　政策実例として、急速に人口減少と産業の縮小が進む長崎県等の離島問題に取り組む場合を考えると、狭義の政策は「離島振興」となる。その施策としては、人口を島に呼び戻すための「移住促進」、移住した人々が生計を営めるようにするための産業政策としての「観光振興」、離島生活の魅力向上のための「交通改善」などが考えられる。これらのうち「観光振興」に着目すると、事務事業には島の魅力を紹介する広報Webサイトの開設・運営やメディア対策、美観促進のための景勝地でのゴミ拾いや樹木管理、観光客誘致のためのイベント開催や地域通貨の導入などが挙げられる。それらが、島ごとの特性やシーズンに応じて適宜組み合わされて、政策効果を発揮することになる。

（3）行政組織

　政策を実現させるのは、一般に「役所」と称せられる行政組織の役割である

が、上で述べた政策階層が、＜部－課－係＞で代表される行政組織の階層と整合が取れている場合に、部署ごとの責任の所在が明確になり、現場の士気も上がるため、成果も出やすくなる。このため、重要政策の推進に当たっては、行政組織の改編が図られることが一般的である。

2001年1月の施政方針演説で、小泉純一郎総理(当時)が、2010年までに海外から我が国への観光客数をそれまでの年間500万人程から1,000万人に倍増させるとした「観光立国宣言」を発したのを踏まえて、2008年に国土交通省に観光庁が設置されたのは狭義の政策レベルの代表例と言うことができる。この取り組みが功を奏して、東アジア諸国を初めとする海外から我が国への観光客が順調に増加しており、2018年には3,000万人を上回り、2020年に4,000万人を達成するという政策目標の実現が視野に入ってきた。

また、国道バイパスやダム等の大規模な建設プロジェクトの遂行に際して、工事現場近くに出先事務所が期間限定で設置されるのは、事務事業レベルの一例である。自然に手を加え、地域社会に大きな影響を与える大規模工事の場合、予期しない出来事が日々起き得るものであり、周辺住民の安心感や現場管理の確実性を考えると、現場への出先事務所の設置は必然の選択肢と言える。

このように、政策目的の達成のために最も適切な姿への見直しが常に繰り返されているのが、行政組織の実際である。組織形状のみならず、業務内容に応じた人物を適材適所で配置し、業務成果を適正に評価し、それに応じて処遇することによって、働く人々のやる気を奮い立たせる人事運用も、政策効果を発揮する上で重要であり、行政組織を運営する上で最も優先度の高い事項の一つとされている。

3.政策手段

政策を実現するためには、社会を構成するさまざまな要素に政策的な変化を加えることが必要となる。具体的には、社会の基盤を構成する要素である施設やサービスを供給したり、人や組織の行動に変化をもたらしたりする行為が、施策

や事務事業として執り行われる。

　以下では、それら政策執行の具体策として、公共財、規制、インセンティブ、情報提供の四つのカテゴリーについて説明する。

（1）公共財

　経済学では、価値ある事物を「財(goods)」と呼び、形を有する物(有形財)と形を有しないサービス(無形財)の2つが含まれる。さらにこの財は、公共性の有無によって「公共財」と「私的財」に分けることができる。

　このうち公共財とは、料金を支払わない者の消費を排除できない性質「非排除性」と、複数の者が同時に利用することができる性質「非競合性」の、両方またはいずれか一方を有する財と定義されている。これらの性質のため、公共財の消費に対しては利用者からの対価が支払われることがなかったり、仮に有料化が可能であっても市場を通じた供給が過少になりやすかったりする傾向が見られるため、政府が税金を徴収して、それを元手に公共財の供給に関与することが合理的とされている。

　公共財の代表例としては、道路・公園・空港・港湾などの我々の生活を支える社会基盤や、消防・警察・防衛など、私たちが安寧な社会生活を営む上で無くてはならない各種行政サービスが挙げられる。

図表3　公共財の概念

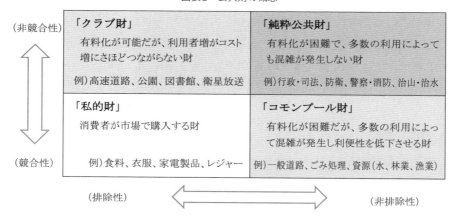

図表3に示すように、非競合性のみを有して非排除性を有しない有料化可能な公共財を「クラブ財」、非排除性のみを有して非競合性を有しない共同の資産としての公共財を「コモンプール財」、両方の性質を有する公共財を「純粋公共財」と呼び分けることもある。

　公共財の対義語である私的財は、排除性と競合性を共に有する財として定義され、食料や衣服、家電製品、レジャーなど、私達が日常市場を通じて購入する商品やサービスなどがこれに該当する。私的財に対する政府の関与は一般に限定的であるが、教育や医療、福祉、年金制度などについては、社会の安定や秩序維持などに効果が高く、高い公共性を有するとして、公共財に準ずる「価値財（メリット財）」として、民間による供給を補う形で政府による供給が行われている。

（2）規制

　政府が政策目的達成の手段として、人や組織の活動を法令で制約することを「規制」と言う。規制事項に従わなかった場合には罰則が科されるので、強制力があり、政策目的の達成に即時的かつ確実な効果が期待できる。その一方で、個人の裁量を制約するので社会に閉塞感をもたらし、また市場への新規参入を抑止する効果があるため経済の活力低下をもたらすなど、さまざまなデメリットもある。このため、他の選択肢と比較考量した上で、限定的な適用が求められる。

　また規制は、産業の健全な発展や消費者の利益を図ることを目的として政府が市場に介入する「経済的規制」と、消費者や労働者の安全・健康の確保、環境の保全、災害の防止等を目的として各種の活動を制約する「社会的規制」の2つに分けて捉えることが出来る。民間の自由な経済活動を助長し、経済の活性化を図ろうとする昨今の「規制緩和」の潮流の中、前者の経済的規制は原則廃止し、後者の社会的規制についても必要最小限にするというのが、我が国政府の基本方針となっている。

　他方で、過去に実施された規制緩和が、雇用の不安定化や環境の悪化、交通事故の増加など社会のひずみを生み出しているマイナスの側面も見られるようになっており、再度の規制強化が行われる事例も出ている。

（3）インセンティブ

　人や組織のやる気を刺激することによって社会を制御する間接的な政策手段を「インセンティブ（incentive）」と言い、助長する場合と抑制する場合の両方がある。具体的には、政策に合致した人や組織の諸活動に対して補助金や低利融資などによって資金的な支援を行う一方、その逆に、抑制したい活動については税を課したり料金徴収を行うことで金銭的に制御することがその代表例である。金銭以外に、政策に合致した行動をとった人や組織を表彰したり、その逆の行動に対して不都合を感じさせたりすることで、政策に沿った方向に行動を誘引することも行われている。

　規制と違って、社会に閉塞感をもたらす懸念はないが、税や補助金の制度設計や運用に一定のコストがかかるほか、効果が発揮されるまでに時間を要し即効性に欠けるという難点がある。

（4）情報提供

　特定の事物に関する情報を提供することにより、人々の行動を適切に誘導しようとするのが「情報提供」である。

　メディアを通じた情報開示が基本で、紙の印刷物や放送のほか、近年では行政機関がインターネット上にWebサイトを開設することで、政策情報を発信することが一般的になっている。公教育によって国民の意識を啓発し生活水準を高める効果を生み出したり、製品規格の標準を定めることによって社会活動を効率化したりすることなどもこの範疇に含まれる。

　コスト面での負担が比較的軽く、市民の自主性に任せて運用するので社会的健全性にも寄与する点が長所とされる。他方、基本的に情報の受け手の情報感度に結果が左右されるほか、成果の保証も無いため、政策効果の確実性が低い点が難点とされる。

（5）適用実例

　これら4つの政策手段の適応について、巨大地震の発生や大型台風の来襲によって、近年頻繁にもたらされている大規模災害の発生時を例に説明する。

まず「情報提供」としては、災害発生が予知されると、事前に災害危険性に関する情報が各種メディアや事前登録した携帯端末を通じて緊急通報され警戒感が高められる。災害発生後は、その規模や被害状況について伝えられることで、復旧活動の支援に関する世論が喚起される。また一定期間経過後は、被災内容と影響範囲の特定が行われることで、消費者の不安を和らげ風評被害の発生を抑止する取り組みが展開される。

　「規制」としては、災害発生後速やかに被災した地区への立ち入りや被害を受けた道路・港湾など交通施設の利用が制限され、二次災害の危険が回避される。その後、消防による人命救助や自衛隊による災害派遣、各行政機関による被災した公共施設の安全確保などの緊急的な「公共財」の供給が行われ、復旧が進められる。

　「インセンティブ」としては、特例的な大災害であることが明らかになると「激甚災害」等の指定が中央政府によってなされ、被災者の財産損失に対して金融機関等からの特例措置が適応されたり、各種公共事業に対する国庫補助率がかさ上げになるなど、円滑な復旧に向けた体制構築が図られる。また、観光振興のため「ふっこう割」と呼ばれる政府の補助金を利用した旅行代金の割引制度が設けられるなどして、被災地の産業復興が図られることになる。

4. 政策形成

　先にも述べたように、公共政策が対象とする現実社会の問題は数限りなく存在するが、それらに取り組むべき資金や人員・施設には限りがあるため、政策として対応できる問題はそれらの一部にしか過ぎない。社会を構成するすべての人々や組織が満足する対応は期待できないのが実状である。では、その膨大な社会ニーズの中、対応能力の範囲内での現実解として、実際の政策を作り上げる作業はどのように行われているのであろうか。

（1）政治と行政

　公共政策の多くは、行政機関において実施される。その行政機関で職務を執

行するのは公務員である。公務員は、憲法によって「国民全体の奉仕者であり、一部の奉仕者ではない(15条2項)」と定められており、個人の利害や好みを離れて、国民全体の利益のために働くことが義務づけられている。このため、重要な政策選定の当事者になることはできない。

では、基本的な行政機関の方向判断を誰が行うのかというと、それは政治の仕事になる。国・地方共に行政機関のトップには、選挙で政策を訴えて当選した政治家が就任することとされており、公務員は国であれば首相や大臣、地方では知事や市町村長などの政治家トップの指示の下、政策の実現に取り組むことになる。

とは言え、よく誤解されるように、公務員が言われるままに仕事をこなしているだけかというと、決してそうではない。行政組織は大きく業務は複雑であるため、政治家トップがいかに優秀であっても、特定個人の理解と判断に基づき、行政実務の全てを取り仕切ることなど到底不可能である。他方で多くの公務員は、強い仕事に対する情熱と豊富な経験、高い判断力を有しており、それらを発揮できる一定の裁量が与えられている。

実際の政策立案においては、行政実務に精通した公務員が政策原案を作成し、政治家がそれらの適否を判断するのが役割分担になる。その政策原案は通常複数案が用意され、政治家の選択に委ねられる。

また、議会制民主主義を採用している我が国においては、国会や都道府県・市町村議会などの議会が行政のチェック機関として、行政機関の重要な方針決定について審議している。これら議会の構成員である議員も、選挙において公約を掲げ、民意の支持を得て当選した政治家である。

このように政策執行においては、選挙により当選した政治家が、行政のトップと議会の構成員という2つの立場で関与する形で、民意が二重に反映される仕組みになっている。

(2) 政策循環

行政機関において立案され、議会の承認を得た政策は、行政機関において実施されることになる。そのプロセスは、PDCAサイクルの概念を用いて分かり易く説

明することができる。PDCAとは、計画(Plan)、実施(Do)、評価(Check)、改善(Action)の英単語の頭文字を結び合わせた用語で、元来は製造業などの作業行程の改善を図るための取り組みを意味していたが、現在では行政実務も含めた事務的作業全般の改善プロセスをも包括する概念として重用されている。

PDCAサイクルを政策過程に適用したのが図表4である。公共政策の場合には、多くの社会問題の中から何に焦点を当てて取り組むかを決定する初期の計画段階が最も重要視されており、図示した3つのプロセス、「課題設定」、「政策立案」と「政策決定」がセットになって、計画段階を意味する「政策形成」を構成している。

以下、図の流れに沿って順に説明する。

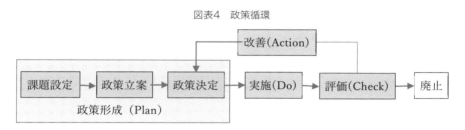

図表4　政策循環

社会には、政策立案に必要な様々な情報が常に満ちあふれている。それは職員が日々の業務を通じて感じる行政ニーズであったり、市民からの要望であったり、議員やメディアを通じた問題提起などの形を取って顕わになる。それらから、課題として何を抽出するかという「課題設定」は、先に述べたように政治の最も重要な役割である。

次にその選定された課題を解消するための政策体系に組み上げる「政策立案」は、行政機関の初期段階の重要な任務になる。政策原案は、通常は複数案が用意され、予備評価の上、優先順位がつけられて決定権者に判断が委ねられる。

優先順位の判断指標としては、社会的便益(Benefit)を投入費用(Cost)で除した費用便益比(B/C)がよく用いられ、特に道路や鉄道、治水施設等の社会資本整備においては一般化している。このB/Cが1以上であることが政策案となり得る必須

要件であり、その値の高いものほど通常は優先度が高くなる。

　また、その後の決定・評価を客観的かつ合理的に行うため、あらかじめ施策ごとのKPI（Key Performance Index：重要成果指標）の目標値を定めておくことが近年では一般化している。たとえば、少子化対策であれば保育園の待機児童数の減少や出生率の向上などが、観光振興では入込客数や旅行消費額の増大、来訪者満足度の向上などが成果指標とされ、施策ごとに目標年度と目標値が明記される。

　次の「政策決定」は、事務事業に関する日常的判断は行政機関の内部で行われるが、一定レベル以上の高度な判断は、行政機関において原案が作られ、議会に諮られて決定される。そのような意思決定過程を経て認められると、初めて政策となる。政策原案はその過程で適宜見直しが加えられるが、認められずに廃案となることもある。

　以上の政策形成過程を経て政策として認められると、予算の裏付けをもって「実施（Do）」に移される。実施段階では、進捗目標が設けられ、これに基づく議会に専門分野ごとに設けられる委員会での報告と審議が行われる。この実施段階での責任は行政が担うことになる。

　通常は1年間の予算期間が終了すると、政策の実施結果や社会情勢の変化に応じて、支出以上の効果が期待できるか否かがB/Cを用いて改めて判定され、政策目的に沿った成果が上がったかどうかKPI等で「評価（Check）」される。評価の結果、必要が認められた場合には「改善（Action）」が行われるが、改善の余地が無いと判断された場合には、その政策は「廃止」されることになる。

　一旦決定された政策が単年度で終了することはまれで、通常は複数年度にわたって継続されるので、改善すべきとされた内容が次年度の政策決定に反映されて、修正された政策が実施されることになる。さらにその結果が評価され、次々年度の改善項目として計画内容に引き継がれて行く。このように、複数年度にわたってPDCAが繰り返されて政策が推進されるため、一連のプロセスを「政策循環」と言うのである。

5.新しい公共

　公共財の供給に代表される公共政策については、政府が税金を元手に実施するという体制が確立されてきたが、近年その流れに「新しい公共」と呼ばれる見直しの機運が到来している。その一つは、民間の知恵や資金を公共サービスに活かしていこうという「民間活用」の取り組みであり、今一つは、公共財の供給主体を公営から民営に切り替える「民営化」である。また、それらとは別に、政策実施の「新体制」を模索する取り組みも行われている。

　以下、順に述べさせていただく。

（1）民間活用

　「民間活用」の契機になったのは、20世紀後半に生じた開発途上国における累積債務問題であった。国の将来のために実施すべき投資案件は山積しているにも関わらず、債務が膨らんで、新たな資金調達が困難になる状況が多く見られるようになってきた。その打開策として生み出されたのがPFI（Private Finance Initiative：民間資金活用）と呼ばれる公共財の供給に民間資金を活用する手法であった。その代表的な方式はBOT（Build, Operate and Transfer）で、通常の公共事業が建設から運用まで一貫して政府が行うのに対して、民間企業が公共施設を独自の資金調達により建設（Build）し、その後も自らの財産として運用（Operate）するが、政府が企業に施設の使用料を支払うことで、初期投資費用と金利が払い終わった段階で政府の資産に移転（Transfer）する方式である。これによって、民間企業の厳しいコスト感覚による総事業費の抑制が図られるばかりか、見かけ上の政府債務を増大させること無く必要な投資案件を推進することが可能になった。

　PFIの成功は、公共財の供給は政府の役割だという固定観念を打ち破る契機となり、途上国のみならず、我が国をはじめとする多くの先進国においても積極的に取り入れられるようになった。現在では、各種公共施設の建替えや新設に際して、賃貸住宅や店舗などの収益施設と組み合わせることによって収入源を確保するPFI手法の活用が検討されるのは、珍しいことでは無くなってきている。

　近年ではさらに一歩進んで、PPP（Public Private Partnership：公民連携）と言われる

行政の諸活動に民間の知恵と力の導入を検討することが一般化しつつある。たとえば「指定管理者制度」は、従来は行政が自ら行っていた公共施設の管理を民間企業に一定期間委託することで、民間のノウハウを使ってコスト縮減と利用者満足度の向上を同時に図る取り組みで、全国の公立文化施設や体育施設で多く採用されている。

（2）民営化

そのような動きに並行して、「民にできることは民に」というかけ声の下、国営・国有企業、公団の民営化という形で、公的サービスの実施主体を行政機関から民間に切り替える動きが精力的に進められてきた。国営企業の例としては専売公社や郵政の民営化が代表的である。また、国有企業としては日本国有鉄道が、公団の例としては住宅・都市整備公団や道路関係四公団が挙げられる。

以下、郵政と道路公団の民営化という2つの代表事例について概説する。

郵政事業は明治以来、郵便・郵便貯金・簡易保険の三事業が国営事業として設立され、同種のサービスがそれまで存在し無かった我が国の近代化に多いに貢献した。他方で、世襲制が許された国家公務員が末端サービスを担う形で運営されており、類似のサービスが宅配事業・銀行預金・生命保険として民間展開する中、もはや時代遅れだとの批判が起き、1990年代以降に民営化が進められた。現在では、日本郵政株式会社を頂点とする6つの専門組織の集合体として、同種の民間サービスとの競合のもとに運営されている。

また、道路関係四公団の民営化は、全国の高速道路の建設と管理を行っていた日本道路公団、首都高速道路公団、阪神高速道路公団、本州四国連絡橋公団を6つの株式会社に改組したものである。日本の近代化の中で遅れていた国家的な幹線道路の整備を推し進めるために創設された道路関係公団であったが、その有利子負債が約40兆円にまで膨らんだことから、民間の経営感覚を取り入れた厳しい投資判断が必要との観点から2005年10月に実施された。海外では珍しい有料道路制度という我が国独自の道路財源制度があって始めてなしえた民営化ということもできるが、地方の利用者が少ない不採算の高速道路区間

が、地域振興を目的として国と地方公共団体の負担で無料開放される新たな枠組み「新直轄方式」が2007年に誕生する契機にもなった。

(3) 新体制

　我が国においては、急速な高齢化と人口減少が進んでおり、これまで通りの体制で公共財の供給を続けていくことがもはや困難になってきているのが実状である。そのような中、従来にない手法で地域社会を活気づかせようとする取り組みが始まっている。

　その例の一つに挙げられるのが、総務省が推進する「連携中枢都市圏構想」である。地域で相当の規模と中核性を備える圏域の中心都市が周辺の市町村と連携し、市街地のコンパクト化による効率性向上とネットワーク化によるサービス圏域の拡大を図ることにより、人口減少・少子高齢社会においても一定の圏域人口を有する活力ある社会経済を維持していこうとする取り組みで、2019（平成31）年3月末時点で、全国で34都市が連携中枢都市としての宣言を行っている。

　その一つ、長崎県佐世保市を中心とする「西九州させぼ広域都市圏」は、長崎県・佐賀県にまたがる11市町が連携する47万人の人口規模を有する枠組みである。構成する自治体間で、相互の行政サービスを補完し合ったり、行政境を超えた活性化プロジェクトを進めたりするなどして、経費支出を抑えながら圏域の魅力を向上させ、福岡市への一極集中が進む北部九州地域の流れに一石を投じようという意欲的な試みとなっている。

　また、「観光立国」のかけ声の下、国土交通省観光庁が設置を進めているのが「日本版DMO」で、2018年12月末時点で、全国で102法人が登録されている。DMOとは、Destination Management/Marketing Organizationの頭文字を取った略語で、地域ぐるみ

図表5　「西九州させぼ広域都市圏」のロゴマーク

の観光地経営を行う組織のことである。欧米での成功を踏まえて我が国の実情に合わせた修正が施されているので「日本版」という言葉が冠せられている。従来から有った観光関連企業の連携組織である観光協会等と観光行政の垣根を取り払って、民間感覚を持った観光地域の経営を創出するための取り組みである。海外から我が国を訪れるインバウンド観光客の急激な増大に対応して、売り手側からの発想を脱して、顧客ニーズをきちんと把握した上で、それに応じた魅力ある観光地像を形成するための新たな取り組みとして期待されている。

　そのほか、NPO（Non-Profit Organization：非営利組織）やNGO（Non-Government Organization：非政府組織）の公的活動への参画が注目される中、公共政策の実施には、時代のニーズに即応しつつ、従来の枠組みにとらわれない試みが継続的に積み重ねられていく必要がある。次世代を担う若い皆さんが新たな発想とみなぎる行動力を存分に発揮し、新たな時代を築いていかれることが期待されるところである。

参考文献
1 福岡伸一（2009）『動的平衡』木楽社.
2 佐々木信夫（2013）『日本行政学』学陽書房.
3 武智秀之（2017）『政策学講義・第2版』中央大学出版部.
4 北山俊哉ほか2（2015）『公共政策学の基礎・新版』有斐閣.

第II部
地域をとらえるデータ

データで考える地域の個性

実践経済学科　鳥丸　聡

　「地域の個性」は、自然、歴史、文化といった非経済財だけでなく、消費動向や景気循環、産業構造そして貿易構造においても現れる。ここでは、そのような九州（以下、断りが無い場合、福岡県、佐賀県、長崎県、熊本県、大分県、宮崎県、鹿児島県の7県を「九州」と呼ぶ）の地域性を多様なデータで概観し、地方創生に向けた企業戦略と政策立案のヒントを探る。

1.消費動向にみる地域の個性

　家計調査で、都道府県庁所在都市および政令市別1世帯当たり年間品目別支出金額（2人以上の世帯、2015～2017年3か年平均）1位の都市を調べると、地域性が良く表れている（図表1）。

図表1　1世帯当たり年間品目別支出金額1位の都市

都市名	消費品目	支出金額	全国平均	都市名	消費品目	支出金額	全国平均
浜松市	ぎょうざ	4,348円	2,162円	福岡市	たらこ	6,985円	2,343円
静岡市	緑茶	9,491円	4,118円	佐賀市	干しのり	4,789円	2,662円
横浜市	外食(中華)	9,431円	4,764円	長崎市	カステラ	6,715円	898円
東京都区部	ワイン	7,928円	3,363円	熊本市	すいか	2,471円	1,362円
東京都区部	映画・演劇入場料	11,657円	6,342円	大分市	干ししいたけ	1,089円	473円
徳島市	スポーツドリンク	2,045円	1,399円	宮崎市	焼酎	14,630円	6,535円
高知市	外食の飲酒代	40,320円	18,245円	鹿児島市	揚げかまぼこ	7,615円	2,450円
山口市	ガソリン代	89,042円	57,636円	那覇市	ミネラルウォーター	5,605円	3,236円

（出所）総務省「家計調査」。

例えば、「たらこ」の支出金額第1位は、特産品「辛子明太子」の生産が多い福岡市、「干しのり」はのり養殖が盛んな佐賀県の県都佐賀市、「すいか」は古くから「植木スイカ」が知られる熊本市が全国1位の支出金額となっている。その他の品目を見ても、多くの観光客が土産品として購入する「カステラ」は長崎市、特用林産物「干ししいたけ」は生産日本一の大分県の県都、「焼酎」は生産日本一の宮崎県の県都、さつま揚げに代表される「揚げかまぼこ」は生産量日本一の鹿児島県の県都が、いずれも1位となっている。各地域の「特産品」や観光客向け「土産品」は、地元でも多く消費されていることになる。つまり地産地消の実践だ。沖縄県那覇市の「ミネラルウォーター」支出額が1位なのは、その温暖な気候が影響している。

　水産業の生産額が県内総生産の1%強を占める長崎県（全国は0.1%）は、県都長崎市が「魚肉練り製品」支出額も日本一だが（7,615円、全国平均8,805円）、地形的な特徴である「坂の長崎」も家計の支出額に表れている。日本一の「バス代」（9,660円、全国平均3,621円）と、1位東京都区部の11,665円（全国平均は4,908円）に僅差で続く全国2位（11,271円）の「タクシー」代だ。

　家計の消費支出額は、その地域の産業構造上の特徴だけでなく、気候や地形、食文化といった「風土」を映し出している。

　もっとも、県都の消費支出傾向が県下全域を必ずしも代表していない場合もある。例えば、同じ長崎県でも県北地域の中核市＝佐世保市は「ご当地グルメ」として「佐世保バーガー」が全国に知られているが、県南地域に位置する長崎市の「ハンバーガー」消費支出額は、全国の県庁所在都市・政令市で最下位となっている（1,772円、全国平均3,527円）。モノやサービスによっては、「県」という行政区分より小さいエリアで消費傾向を分析することも必要だ。

2.景気循環にみる地域の個性
　日本銀行が四半期ごとに公表する「全国企業短期経済観測調査」（以下、短観）は、27業種の約21万社から約1万社（沖縄県を含む九州8県は約1千社）を選んで調査

票を送付し、景気に対する見方などを質問する。回収率が毎回100%に近く、経営者の最新の判断が反映されることから、各種経済指標の中でも、「四半期GDP」「景気動向指数」「景気ウォッチャー調査」と並んで注目度が高い貴重な景気判断指標として位置づけられている。業況が「良い」とする企業割合から「悪い」とする企業割合を引いたD.I.がプラスであれば、企業の景況感は総じて「良い」と判断できる。なお、九州の短観結果は日本銀行福岡支店が公表している。

　1974年以降のD.I.の推移を見ると(図表2)、1991年のバブル崩壊後、1997年の消費税率5%への引き上げとアジア経済危機後、2000年のITバブル崩壊後、そして2008年のリーマンショック後など、全国の景気が大きく後退する中、九州企業の景況感は、全国ほど落ち込んでいない。

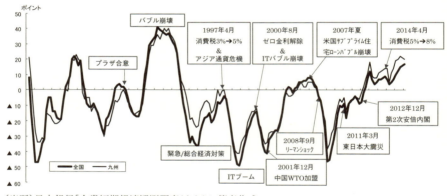

図表2　全国と九州の業況判断D.I.推移（1974年5月～2018年9月）

(出所)日本銀行「企業短期経済観測調査」をもとに筆者作成。

　その理由として考えられることは、①九州の公共投資依存度が高いため、景気後退局面における景気刺激策としての公共事業追加発注効果が機能しやすいことと、②産業構造上、景気動向の影響を受けにくい「食料品製造業」の構成比が高いことである。

　2015年度において、九州の総生産(沖縄県を含む8県の県内総生産合計)に占める「公的総固定資本形成」、いわゆる公共投資の構成比は6.2%で、全国の4.5%を1.7ポイント上回っており、「食料品製造業」の構成比は3.8%で、全国の2.9%を0.9

ポイント上回っている。

このうち九州の「食料品製造業」の安定ぶりが顕著に現れたのは、2008年9月のリーマンショック直後における業種別業況判断D.I.である

図表3　リーマンショック直後の業種別業況判断D.I.の推移

	2008年	2009年			
	12月	3月	6月	9月	12月
全産業	▲20	▲38	▲35	▲28	▲25
製造業	▲19	▲43	▲41	▲31	▲22
食料品	0	▲7	0	0	3
電気機械	▲36	▲75	▲67	▲34	▲18
輸送用機械	▲12	▲9	▲15	▲12	▲12
非製造業	▲21	▲35	▲32	▲28	▲25

（出所）日本銀行福岡支店「企業短期経済観測調査」をもとに筆者作成。

（図表3）。多くの業種のD.I.が2桁のマイナスとなる中、主に国内・地域の基礎的消費支出＝「食」を満たす「食料品製造業」のD.I.は、3〜▲7の狭いレンジで横ばい推移し、戦後最悪の世界同時不況下にあって、九州の景気底割れを支える役割を果たした。

3. 産業構造の変化にみる地域の個性

九州の産業構造上の特長は、半導体集積回路と自動車、飲食料品の生産が活発であることから、それぞれ「シリコンアイランド」「カーアイランド」そして「食料供給基地」と呼ばれる。

長期的視点で九州の産業構造がどのように変化してきたのか振り返ると、以下のようになる。

高度経済成長期以前は、「鉄鋼」「化学」「セメント」「紙パルプ」といった基礎素材型産業が九州のリーディング産業であったが、市場拡大テンポの鈍化や海外製品との競合激化に加えて、2度にわたる石油危機によって停滞感を強めた。これらの重厚長大産業に代わって雁行的発展を遂げたのが、半導体や自動車といった加工組立型産業である。

1970年代に高速交通体系の整備進捗と歩調を合わせるように、半導体の大規模工場進出が相次いだ。結果、九州は「シリコンアイランド」と称せられるまでに集積度を高め、現在のIC生産数量の全国シェアは3割強に達している。また、ICの生産増加に伴って、半導体製造装置の生産も活発化している。

データで考える地域の個性　　47

一方の自動車産業については、1975年に日産自動車九州工場(福岡県苅田町)が、1992年にはトヨタ自動車九州(福岡県宮田町、現宮若市)が立地した。2004年末には、大分県中津市でダイハツ車体が操業を開始したのに加えて、山口県防府市にはマツダ防府工場も立地しており、北部九州から山口県にかけての一帯は、自動車組立・部品工場の一大拠点を形成し、九州は「カーアイランド」と呼ばれるまでに成長した。九州の自動車生産台数は、2006年に初めて100万台を超え、2012年には140万台に達した。しかしながら、カーアイランドを構成する加工組立工場や下請け企業群は、シリコンアイランドを構成する電子部品量産工場が九州全域に分散立地しているのと異なり、北部九州に偏在しているのが現状である。

　このように脚光を浴びるシリコンアイランドやカーアイランドと対照的に地味な印象を拭えない「食料供給基地」であるが、九州で出荷額の大きい3大産業の工業出荷額の中にあっても、その存在感は大きい(図表4)。工業出荷額がシリコンアイランド、カーアイランドを上回るだけでなく、特化係数が最も高く、弾性値も僅かながら1を超える。

図表4　九州における3大産業の比較

	電子部品・デバイス	輸送用機械	食料品
工業出荷額(億円)	16,410	44,585	47,345
特化係数	1.46	0.91	1.62
弾性値	0.98	1.15	1.01

(出所)経済産業省「工業統計」。2015年は「2016年経済センサス活動調査」をもとに筆者作成。
備考)1.特化係数は九州の当該産業が工業出荷額全体に占める割合／全国の当該産業が工業出荷額全体に占める割合(2015年)
2.弾性値は、九州の当該産業の2005～2015年変化率／全国の当該産業の2005～2015年変化率。

　また、1999年以降における3大産業の生産数量や生産額の変動係数(平均値に対する標準偏差の割合)をみると、食料供給基地の特徴が明らかになる(図表5)。

図表5　九州のIC、自動車および食料品の生産・出荷推移

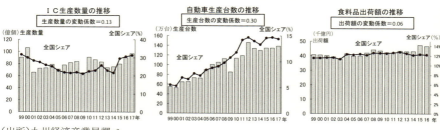

(出所)九州経済産業局調べ。

IC生産数量は、1999年以降、65億個から106億個の範囲で変動し(変動係数＝0.13)、自動車生産台数は、53万台から146万台の範囲で推移しており(変動係数＝0.30)、両者共にその振幅は大きい。とりわけ2008年9月のリーマンショック翌年のIC生産数量や自動車生産台数が大幅に減少したことが示すように、シリコンアイランドとカーアイランドは、共に、国内市場よりむしろ世界の市場動向に大きく左右され続けてきた。一方、食料品出荷額こそ横ばい基調にあるとは言え、4兆円台の狭いレンジで推移しており、振幅は小さい(変動係数＝0.06)。仮に九州の産業がシリコンアイランドとカーアイランドのみに大きく依存しているとするならば、九州の景気動向は海外市場の動向に振り回されているに違いない。そうならない理由は、ウエイトが大きく変動係数の小さい食料品産業が、景気激変のバッファー(緩衝装置)として機能しているからである。従って、食料品産業が少しでも厚みを増せば、それだけ九州経済のスタビリティ(安定性)は高まることになる。

4.特化係数と弾性値で見る長崎県の個性

経済活動別に2015年度の「特化係数」(「全国の構成比」に対する「長崎県の構成比」と「九州の構成比」)を算出すると、長崎県は「第1次産業(とりわけ水産業)」や「建設業」

図表6　長崎県および九州の特化係数

(単位：百万円)

	長崎県			九州			全国	
	県内総生産	構成比	特化係数	域内総生産	構成比	特化係数	47都道府県県内総生産合計	構成比
県内総生産	4,382,214	100.0%	1.00	49,105,616	100.0%	1.00	546,550,491	100.0%
第1次産業	125,757	2.9%	2.88	1,113,527	2.3%	2.27	5,450,583	1.0%
農業	74,082	1.7%	2.14	843,003	1.7%	2.17	4,317,825	0.8%
林業	4,762	0.1%	1.93	65,944	0.1%	2.38	308,482	0.1%
水産業	46,913	1.1%	7.10	204,581	0.4%	2.76	824,278	0.2%
第2次産業	1,036,737	23.7%	0.88	10,812,656	22.0%	0.81	147,748,172	27.0%
製造業	754,511	17.2%	0.80	7,827,430	15.9%	0.74	117,777,123	21.5%
建設業	277,346	6.3%	1.17	2,925,788	6.0%	1.10	29,543,937	5.4%
第3次産業	3,202,428	73.1%	1.02	36,889,292	75.1%	1.05	389,843,176	71.3%
卸売・小売業	471,514	10.8%	0.86	5,830,205	11.9%	0.95	68,514,062	12.5%
金融・保険業	156,033	3.6%	0.78	1,820,934	3.7%	0.81	24,977,193	4.6%
不動産業	451,929	10.3%	0.89	5,163,354	10.5%	0.91	63,145,024	11.6%
運輸・情報通信業	360,638	8.2%	0.82	5,050,457	10.3%	1.03	54,621,827	10.0%
宿泊・飲食サービス業	129,257	2.9%	1.18	1,457,985	3.0%	1.19	13,613,678	2.5%

(資料)内閣府「県民経済計算」(2015年度)をもとに作成。

データで考える地域の個性　　49

「宿泊・飲食サービス業」に特化していることが分かる（図表6）。

一方、「弾性値（弾力性）」（「全国の増加率」に対する「長崎県の増加率」と「九州の増加率」）を算出してみると、長崎県は「農業」「林業」「製造業」そして「建設業」の増加テンポが全国を上回っている（図表7）。

図表7　長崎県および九州の弾性値

（単位：百万円）

	長崎県			九州			全国	
	県内総生産	対2006年度比	弾性値	域内総生産	対2006年度比	弾性値	47都道府県県内総生産合計	対2006年度比
県内総生産	4,382,214	100.8%	1.01	49,105,616	102.2%	1.03	546,550,491	99.5%
第1次産業	125,757	108.3%	1.10	1,113,527	105.8%	1.08	5,450,583	98.4%
農業	74,082	113.1%	1.16	843,003	104.2%	1.07	4,317,825	97.1%
林業	4,762	161.4%	1.37	65,944	145.1%	1.23	308,482	117.6%
水産業	46,913	98.5%	0.99	204,581	103.6%	1.05	824,278	99.0%
第2次産業	1,036,737	111.1%	1.15	10,812,656	101.6%	1.05	147,748,172	96.7%
製造業	754,511	114.4%	1.19	7,827,430	103.6%	1.08	117,777,123	95.8%
建設業	277,346	103.6%	1.03	2,925,788	97.1%	0.96	29,543,937	100.7%
第3次産業	3,202,428	97.6%	0.97	36,889,292	102.0%	1.02	389,843,176	100.3%
卸売・小売業	471,514	98.2%	1.07	5,830,205	97.7%	1.06	68,514,062	91.8%
金融・保険業	156,033	78.7%	1.02	1,820,934	80.1%	1.04	24,977,193	77.3%
不動産業	451,929	108.1%	0.99	5,163,354	108.3%	0.99	63,145,024	109.5%
運輸・情報通信業	360,638	96.1%	0.97	5,050,457	103.0%	1.04	54,621,827	99.4%
宿泊・飲食サービス業	129,257	88.4%	0.94	1,457,985	94.4%	1.00	13,613,678	94.2%

（資料）内閣府「県民経済計算」（2006年度および2015年度）をもとに作成。

そこで、特化係数と弾性値をクロスしてみると（図表8）、長崎県に特化している

図表8　長崎県の特化係数と弾性値のクロス図

（資料）内閣府「県民経済計算」（2006年度および2015年度）をもとに作成。

「水産業」（0.99）と「宿泊・飲食サービス業」（0.94）の弾性値は僅かに1を下回っており、長崎県は産業構造上の最大の「強み」を活かしきれていないことになる。一方、特化係数が1を上回っている「農業」と「林業」は順調に推移している。

従って、特化している「水産業」と「宿泊・飲食サービス業」（観光産業）を重点的に育成することが喫緊の課題であると言える。もちろん、水産業や観光産業に商機を見出すためには、海面漁業と養殖業、国内観光客とインバウンドといった具合に、より細かい項目ごとにデータを収集・分析することが求められる。

5.グローバル化にみる地域の個性
（1）アジア度の高さ

　九州は、地理的・歴史的側面でアジア諸国との交流の下地が存在しているため、アジアと強い結びつきをもっている。2016年のアジア度をみると（図表9右図）、人の動きでは入国外国人数の96％（全国84％）を、国際航空路線数では92％（同72％）を、そして姉妹提携自治体数では55％（同36％）をアジアが占める。貿易面でも、輸出額の58％（同53％）をアジアが占める。また、九州地場企業の海外進出件数のうち78％（同63％）がアジアである。ところが、2000年と比較してみると（図表9左図）、九州のキャッチフレーズである「高いアジア度」は、全国にキャッチアップされつつあることが分かる。

図表9　九州と全国のアジア度

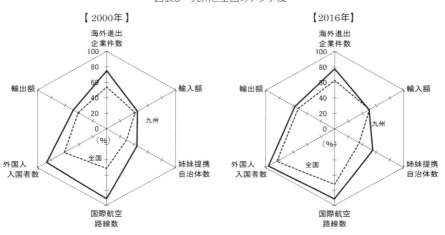

（資料）九経調「九州・山口地場企業の海外進出」、東洋経済新報社「海外進出企業総覧」、法務省「出入国管理統計年報」、門司・長崎・沖縄地区税関「外国貿易年表」、日本関税協会「外国貿易概況」。

2000年と2016年のアジア度を比較してみると、九州のアジア度の高さが全国に対して圧倒的なアドバンテージを維持している項目は「姉妹提携自治体数」のみであり、「輸入額」「国際航空路線数」「外国人入国者数」そして「輸出額」のアジア度の高まりは、むしろ全国の方が高い。九州のアジア度は相対的に高い水準が続いていることに違いはないものの、輸入額のアジア度は既に全国が高くなっており、輸出額もほぼ全国並みとなりつつある。20世紀において、輸出、輸入ともに全国より10%ポイントアジア度が高いことを九州のポテンシャルとして掲げてきたが、韓国、香港、台湾、シンガポールといったアジアNIES（新興工業国・地域）だけでなく、中国そしてASEANの経済力が高まった21世紀に入ってからは、全国もアジアシフトを強めており、九州のアドバンテージは薄らいできている。

（2）変化する地場企業の海外進出目的

　複数の指標において全国にアジア度の高さでキャッチアップされつつあるとは言え、九州の「海外進出企業件数」のアジア度は78％に達しており、全国（63％）を15ポイントも凌駕している。九州のアジアとの交流の歴史と地理的近接性が生かされている一例である。

　そんな九州企業の海外進出には過去3回のピークがある（図表10）。1回目は1995年4月19日にドル/円相場が1ドル79円75銭と80円を超える円高を初めて記録した前後の1994～96年である。2回目の海外進出のピークは1回目のピークか

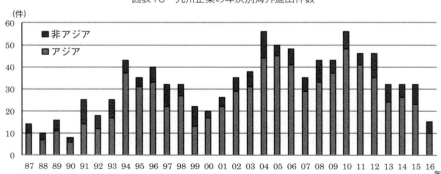

図表10　九州企業の年次別海外進出件数

（出所）九州経済調査協会「九州・山口企業の海外進出」をもとに筆者作成。

らちょうど10年後の2004〜06年である。当時の為替相場は1ドル101円台と、必ずしも極端な円高ではないものの、その直前までは1ドル120円前後で推移していたところ、突然、円高に振れ、同時に人口13億人の中国が「世界の工場」から「世界の市場」へと脱皮し始めた時である。そして3回目のピークは15年ぶりに1ドル80円台の円高となった2010年前後である。これら3回の海外進出ピークは、その直前の為替相場に対して相対的に円高に振れた時期と一致する。

　円高が海外進出を後押しするなか、海外進出企業の業種構成は近年大きく変化してきている。2回目の海外進出ピークまで過半数を占めていた製造業の割合は減少する一方で、非製造業、中でもプレナスやリンガーハット、ワイエスフード、力の源カンパニーといった飲食事業の割合が近年は高まっている。九州電力やJR九州、西日本鉄道といった非製造業もアジア各国に進出するようになった。単なる生産工場ではなく消費市場としてのアジアの魅力が高まってきていることに対応する新市場開拓を目的とする海外進出であり、これらは九州の産業空洞化にはつながらない。

　一方の製造業の海外進出の場合、相対的に規模の大きい設備投資を伴うので、円高が定着してから海外進出を意思決定するまでにはタイムラグが生じがちなだけでなく、メインバンクとの交渉に時間を要することや、意思決定する経営者の高齢化と事業承継問題もあり、製造拠点の海外へのリプレースは目立っていない。

（3）増えた農林水産物の輸出

　農林水産省のまとめによると、全国の2017年の農林水産物・食品輸出額は、前年比7.6％増の8073億円となり、5年連続で過去最高を更新した。8千億円を突破したのは初めてだが、2019年に1兆円の農林水産物・食品輸出額を達成するという政府目標の達成は厳しい。しかし、2012年の輸出額が4,497億円に過ぎなかったことを考えると、足もと5年間での8割の増加は、衰退する日本の1次産業にあって、画期的と言える。

　そこで、九州の輸出シェアが日本一として知られている農林水産物、具体的に

データで考える地域の個性　　53

は、農産物では「いちご」「みかん」「かんしょ」、畜産物では「鶏卵」と「牛肉」、林産物では「きのこ」、水産物では「ぶり」といった7品目に加えて、九州からの輸出が急増している「柿」について、2017年の門司税関の輸出数量と輸出金額を調べた（図表11）。すると、2つの特徴が分かる。

図表11　九州の主要輸出農林水産物

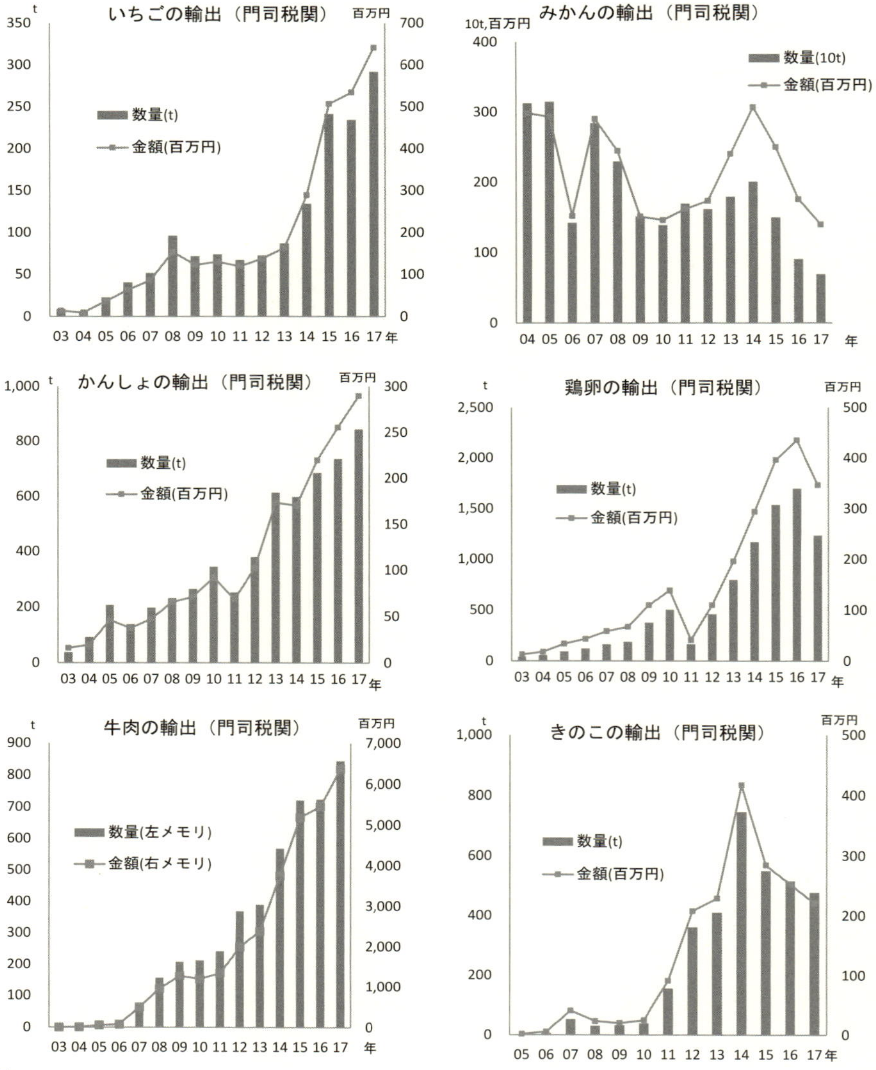

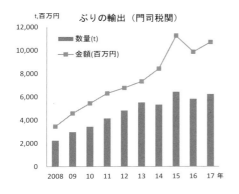
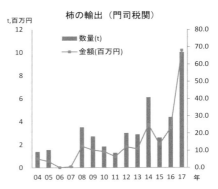

　1つは2012年から2017年の過去5年間において、輸出数量と金額が増加し続けた品目は牛肉のみだったということである。もう1つは順調に輸出が増えている品目(いちご、かんしょ、牛肉、柿)と、輸出が停滞または減少しつつある品目(みかん、鶏卵、きのこ、ブリ)の明暗が明らかになりつつあることである。

　まず、「いちご」については、福岡の「あまおう」、佐賀の「さがほのか」そして熊本の「ひのしずく」等が全国ブランドとして知られており、門司税関管内からの輸出は依然として日本一で、5年前に比べて4倍以上に増えている。ところが、全国の「いちご」の輸出額は5年間で10倍近くに増えている。門司税関のいちご輸出金額シェアは2012年に全国の75％、つまり4分の3を占めていたが、2017年のデータを見ると、全国シェアは33％、3分の1にまで低下している。それだけライバル栃木県の「とちおとめ」が攻勢をかけていると言え、栃木VS福岡の「いちご戦争」は、輸出面でも激化している。

　「かんしょ」については、「いちご」の輸出動向に似た動きを示しており、5年前の3倍弱に増えているが、全国シェアは2012年の6割から2017年の3割へとシェアを落としている。「いちご」と並び、九州が輸出をリードしてきた農産物だが、農産物輸出がビジネスとして成立することが分かると、関東地方の産地も、当然輸出に力を注いでくるということになる。

　もちろん、九州が輸出シェアを高めている品目もある。神戸税関管内が輸出シェア1位の「柿」については、5年前の九州の輸出シェアは8％に過ぎなかった

データで考える地域の個性　　55

が、2017年は20%にまで高まっている。

　「牛肉」については従前どおり「輸出の優等生」で、5年前の3.2倍、10年前の13倍弱にまで増加しており、門司税関の輸出シェアも3割以上を維持しており、依然、日本一だ。

　その一方、懸念されるのが、「みかん」「鶏卵」「きのこ」そして「ぶり」である。

　カナダ向けの輸出が多い「みかん」は、2014年をピークに減少に転じており、全国シェアも2012年の5割から2017年の3割へと低下している。「鶏卵」についても、門司税関のシェアが5年前は75%を占めていたが、2017年は34%に低下し、「きのこ」は全国シェアこそ6割台をキープしているものの、輸出金額は3年連続で前年割れとなった。さらに、「ぶり」については門司税関シェアが7割と高水準を維持しているが、輸出金額が2015年をピークとして頭打ちとなっている。世界的な寿司ブームに牽引されて輸出を増やしてきたが、世界的な魚食ブームの中で、寿司ネタの調達ルートも多様化している。

　このように、九州からの主要輸出品目が明暗分ける中、2017年12月にTPP11が、2018年2月に日欧EPAが発効した。とりわけ輸出が好調な「牛肉」については、26.5%の関税をかけているカナダが6年目に撤廃するなど、TPP11加盟国すべてが10年目までに関税を撤廃し、EUも日欧EPA発効と同時に関税を撤廃した。従来は参入しにくかったグローバル市場が一気に身近なものとなった。まさに、食料供給基地＝九州にとっては、攻めに転じる絶好のチャンス到来と言える。もちろん、関税撤廃だけで輸出が増える訳ではない。従来、日本の製造業やサービス業が海外展開する上で実施してきたように、きめ細かな海外向け4P（Product：製品、Price：価格、Place：流通経路、Promotion：販売促進）戦略を描くことが食料供給基地に求められる時代に入ったとも言える。

6.地域の個性を活用した学生によるビジネスプラン作成事例

　実践経済学科の演習の一部では、地域の個性を活用したビジネスプランを作成している。教員の指導は最小限度に留め、学生がブレインストーミングを通して

描いている。以下に、2年生の基礎演習と3年生の専門演習で作成した2018年度のビジネスプランの一部を抜粋して示す(提案書原文のまま)。

【基礎演習チームAの「新入生向け第二の故郷観光ツアー」】

➤ビジネスプランの概要

　長崎県立大学に入学した学生のうち、県外からの生徒や保護者を対象に本校が立地する佐世保市の観光ツアーを実施するビジネスです。ツアーを企画し佐世保を案内すると同時に佐世保の伝統工芸などを紹介し、佐世保の魅力を伝えていきます。参加者に参加費を支払ってもらう形で収益を得ます。また、ツアーの最後には物産展を開催し、佐世保の特産品などを販売します。商品を置く企業を募り、売り上げの1割を取り扱い手数料として徴収します。

➤ビジネスプランの具体的内容

　長崎県立大学佐世保校に入学する新入生、保護者を対象とし、入学式前後の保護者が佐世保を訪れるタイミングに合わせて観光ツアーを実施します。長崎県立大学佐世保校は、県外からの生徒が半数以上の割合を占めているため、佐世保の魅力について県外からの転入者に知ってもらう絶好の機会であると考えます。一般のツアーでは周遊しきれない名所や、季節ごとのイベントなども紹介し、保護者にはもう一度遊びに来たい、新入生には友達を呼びたいと思ってもらうことで、観光地としての佐世保をPRする目的も含まれます。また、佐世保デビューの

図表12　具体的なツアールート

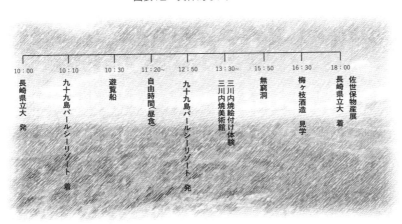

際の不安材料の1つである友人作りを入学前に行えるという利点もあります。将来的には大学を有する各地で徐々に展開したいと考えます。

【専門演習チームBの「県外就職者に向けたUターン促進ビジネス」】

➤ビジネスプランの概要

　県立大学を卒業後、県外へと就職した人を対象に、長崎県内の就職情報を提供するビジネスである。本事業は、企業に対しては、求める人材を外部から確保するための援助を行う。大学OBに対しては、地元での就職先の情報を提供する。そうすることで、地元回帰意欲のあるOBの支援、また、長崎県が力を入れている「県内Uターン」の促進に貢献する。利益は企業側よりサイトに企業情報を掲載する際、広告料として徴収することで収益化を図る（サイトの設立・運営は外部に委託する）。

➤ビジネスプランの具体的内容

　本事業は、県立大学を卒業後に県外で働くOBに対して、県内の就職に関する情報を提供するサービスである。

　現在、長崎県に住む学生の県外流出が顕著だ。県内大学生の県内内定率は38.9％（2018（平成30）年　長崎労働局）で3年連続の低下となった。また、長崎県立大学に絞ると、2017（平成29）年度の卒業生では、県内就職率は約35％と、多くの学生は卒業後にそのまま県外へと移動する構図となっている。県外で就職した人の中には、「希望する勤め先がない（知らない）」（長崎県政策企画課調べ）といった人もいて、県内企業の情報発信が不十分であることが浮き彫りになっている。そのため、県内では人手不足が課題である企業が多くみられる。しかし、県内卒業者はその後も移動先で過ごすというわけではなく、「5年後

図表13　OB限定Uターン促進サイトの概要
＜概要＞
・県立大OBで、県外へ就職した人と長崎県の企業を仲介する、情報発信サイト。
・県立大OBに対して、地元での就職先の情報を提供する。
・企業に対しては、求める人材を外部から確保するための援助を行う。

長崎県が力を入れている「県内Uターン」の促進に貢献する

に移動する可能性がある」人の割合は、20代前半から後半にかけて全体の半数近い割合を示しており（2015年 国立社会保障・人口問題研究所）、地元回帰の意欲の可能性もうかがえる。そのような人たちのために、本事業でまずは長崎県立大学OBに絞って、移住における重要な条件である「移住先の雇用の安定」の面で援助をし、スムーズなUターン促進につなげる。将来的には全国の県立大学と連携したネットワークを構築し、県内で学んだ学生がそのまま出身県に恩恵をもたらすスキームを構築する。

7.地方創生戦略の基礎となる地域データ分析力

　ここまで地域データに基づいた分析の必要性を検討し、学生が描く地域レベルでのスモールビジネスプランを紹介した。

　地方創生戦略を描く場合、従来は行政が公表するデータに依存していたが、近年は増殖を続ける電子商取引によって得られるビッグデータが民間によってストックされるようになった。加えて、今後のAI（人工知能）の進展によって、データの収集・分析手法はより高度化すると考えられる。しかも、そのデータを収集・分析する情報リテラシーは、従来のような特定の専門職だけでなく、営業部門や財務部門、人事部門のスタッフにまで求められることになろう。

　もっとも、AIがデータを分析してビジネスプランの最適解を提案したとしても、それを実行に移すか否かの判断は、結局は人間に委ねられることに変わりはない。とりわけ少子高齢・人口減少で市場が縮んでいる地域を起点として商機を見出すためには、学生時代から基礎的なデータを丁寧に分析し、地域のポテンシャルと課題を明らかにする能力を高めておくことが従前にも増して強く求められるのである。

参考文献
1 佐藤郁也(2002)『実践フィールドワーク入門』有斐閣.
2 公益財団法人九州経済調査協会［編］(2007)『九州産業読本』西日本新聞社.
3 伊藤公一郎(2017)『データ分析の力 因果関係に迫る思考法』光文社.

統計データをきっかけとして地域を考える学び
―長崎県立大学における学生教育の実践事例―

公共政策学科　吉本　諭

1. 本稿の目的

　地域創造とは何か。辞書（本稿での辞書は「広辞苑 第7版」を指す）を開いてみると、地域創造という言葉はない。地域という言葉と、創造という言葉を組み合わせたものである。それぞれの言葉の意味を調べてみると、地域とは、住民が共同して生活を送る地理的範囲、創造とは、新しいものを造りはじめること、とある。筆者は、「地域創造とは、地域の住民にとって有益な有形・無形の新しい価値を生み出し、豊かな地域をつくっていくこと」であると考える。そして、「地域創造学部の学生教育の目標とは、地域の住民にとって有益な有形・無形の新しい価値を生み出し、豊かな地域をつくっていく人材を育てること」であると考える。

　現在、筆者が長崎県立大学（以下、「本学」とする）地域創造学部で担当している主な専門教育科目は、経済学の理論に基づき人口減少や地域経済を考える地域経済論、政府統計ポータルサイトe-statなどの統計データをもとにExcelで作図し地域の現状を考える地域分析法Ⅰ、RESAS（Regional Economy Society Analyzing System：地域経済分析システム）などを活用しグループ・ワークを通して地域を分析し方向性を考える地域分析法Ⅱである。また、演習科目（ゼミナール、以下、「ゼミ」とする）では主として、2年生ゼミの基礎演習では、地域を考える書籍の輪読およびグループ・ディスカッションなど、3年生ゼミの専門演習では、卒業論文の作成に向けた基礎的学習と各学生の問題意識に沿った現地調査など、4年生ゼミの卒業論文

では、卒業論文の作成・発表という内容で行っている。これらに一貫していることは、地域をさまざまな視点から考え、地域の現状・課題・方向性を考えることができる人材を育成していくことを意図している点である。

　本稿では、これから大学で地域を学び研究したいと考えている高校生などを対象に、統計データのうち人口データをもとに長崎県のすがたを考え、さらに本学における筆者の学生教育の実践事例をとおして、大学教育での地域を考える学びについて紹介することを目的とする。

2.統計データをもとに地域を分析するとは

(1)統計データに基づく地域分析の基本的な考え方

　「地域を分析する」とは、レポートや論文などでも良く使用される言葉であるがどのような意味があるのだろうか、辞書を開いてみる。分析とは、ある物事を分解してそれを成立させている成分・要素・側面を明らかにすること、とある。「地域を分析するとは、地域を考える視点を設定し、視点ごとに地域の現状と課題を明らかにすること」であると考える。地域を分析するためには、地域がおかれた現実を幅広く知り、現実から導かれている地域の理論を知り、地域を分析するための分析方法を身につける必要がある。

　地域を分析するための一つの方法として、統計データをもとに定量的な視点から、地域の現状を明らかにすることが挙げられる。統計データをもとに地域を分析するとはどういうことであろうか、地域分析の基本的な考え方について触れておきたい。

　統計(statistics)とは、ラテン語の「status」(国家・状態)に由来している(注1)。統計の意味を辞書で調べてみると、集団の傾向・性質を数量的に明らかにすることとある。さらに、統計データとは、統計のためのデータの略語と考えられるが、調査目的に沿って項目を定めて調査・収集したデータを集計した数値のことである。ここでいうデータとは、統計データを作成するための基になる調査・収集した個々の数値(個票データ)のことである。「統計データをもとに地域を分析するとは、地域間

比較および時間比較をとおして、データの違いや変化を把握し、地域の現状を考えること」を意味する。

　図表1には、統計データに基づく地域分析の基本的な考え方について示している。横軸は、過去・現在・将来の時間比較軸を、縦軸は、A地域とB地域の地域間比較軸を示している。第1に、A地域とB地域の統計データを比較し大きい・小さいなどが分かる（地域間比較）。第2に、A地域とB地域の推移や変化率を比較することで変化が大きい・小さいなどが分かる（時間比較）。地域や時間を軸として比較することによってはじめて、定量的に地域の現状を知ることができる。また、統計データの強みは、どの程度大きいか・小さいかといった程度を示すことができ説得力が増す点にある。そして、数値の違いに着目して、「なぜデータに違いがあるのか」について考え、調べていくことが重要である。

図表1　統計データに基づく地域分析の基本的な考え方

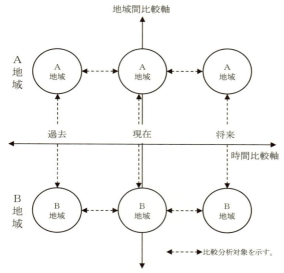

（注）統計データをもとに、地域間比較、時間比較をすることより、定量的に地域の現状が分かる。
（出所）筆者作成。

（2）地域政策のために活用されている統計データ

　地域の人々の豊かさを実現するために各地域ではさまざまな地域政策が展開されている。地域政策は、地域の現状→課題→方向性の手順で考えていくが、この中で重要かつ難しいのは、地域の現状を正確に捉えることである。人が病気になり病院に行った場合、問診・検査→診断→処置の手順がとられる。問診・検査

を間違うと、診断と処置も間違ったものとなり、病気が治らないという事態になってしまう。地域政策も同様であり、地域の現状の捉え方を間違えると、課題とそれに対応する方向性も間違ったものとなる。地域の現状を捉える際、昔から言われてきた「この地域は、このような地域である」ということは果たして現在もそうなのだろうか。社会や経済はよく「生きている」と言われるが、変わりゆく社会や経済の中で、地域の現状を捉える一つの指標が統計データである。

また、地域政策の政策評価は、企画立案（Plan）、実施（Do）、評価（Check）、企画立案への反映（Action）のPDCAサイクルに基づき実施されている。政策評価は、現状を把握して企画立案し、政策を実施し、当初見込んだ目標数値を達成しているのか否かの政策評価が行われ、評価結果が政策の修正などに活用されている。政策評価には、客観的根拠（エビデンス：Evidence）の一つとして統計データが活用されており、政策評価の結果はホームページなどで公表されている。国および地域において客観的根拠に基づく政策立案（Evidence-Based Policy Making）が推進されている中で、統計データは重要な役割を担っている。

3. 人口データからみる長崎県のすがた

代表的な統計データである人口データをもとに、長崎県のすがたをみてみる。

（1）長崎県の人口動態

2014年、「このままでは896の自治体が消滅しかねない」との発表が日本中を駆け巡った（増田2014）。これは地方に住んでいる人々が長年危惧していたことを顕在化させた発表となった。総務省「人口推計」で人口の推移を確認してみる。我が国の人口のピークは、2008年の1億2,808万人であり、2015年には1億2,710万人となっている。一方、長崎県の人口のピークは1959年の177万5千人であり、2015年には137万7千人となっており、56年間で39万8千人（－39.8%）減少している。つまり、長崎県では半世紀以上前から人口減少が始まっているのである。

近年の人口の動きをみるため、2010年から2015年の5年間に着目し、総務省「国勢調査」をもとに、九州8県の人口の変化率と高齢化率について比較する

（図表2）。まず、人口の変化率（2010年人口→2015年人口：変化率）をみると、増加している県は増加率が大きい順に、沖縄県（139万3千人→143万4千人：＋2.9％）と福岡県（507万2千人→510万2千人：＋0.6％）の2県であり、減少している県は減少率が小さい順に、熊本県（181万7千人→178万6千人：－1.7％）、佐賀県（85万0千人→83万3千人：－2.0％）、大分県（119万7千人→116万6千人：－2.5％）、宮崎県（113万5千人→110万4千人：－2.7％）、鹿児島県（170万6千人→164万8千人：－3.4％）、長崎県（142万7千人→137万7千人：－3.5％）の6県であり、長崎県の人口減少率が最も大きい。

つぎに、2015年の高齢化率（総人口に占める65歳以上の人口割合）をみると、低い順から、沖縄県（19.6％）、福岡県（25.9％）、佐賀県（27.7％）、熊本県（28.8％）、鹿児島県（29.4％）、宮崎県（29.5％）、長崎県（29.6％）、大分県（30.4％）となっており、長崎県は大分県に次いで2番目に高い。つまり、長崎県は九州の他県と比較して人口減少と高齢化が進んでいると言える。

なお、国勢調査により、2010年から2015年にかけて長崎県内21市町の人口の変化率をみると、増加している市町は増加率が大きい順に、大村市（90,517人→92,757人：＋2.5％）、佐々町（13,599人→13,626人：＋0.2％）、長与町（42,535人→42,548人：＋0.0％）の3市町である。

一方、減少している市町は減少率が小さい順に、時津町（30,110人→29,804人：－1.0％）、諫早市（140,752人→138,078人：－1.9％）、佐世保市（261,101人→255,439人：－2.2％）、波佐見町（15,227人→14,891人：－2.2％）、長崎市（443,766人→429,508人：－3.2％）、川棚町（14,651人→14,067人：－4.0％）、島原市（47,455人→45,436人：－4.3％）、雲仙市（47,245人→44,115人：－6.6％）、東彼杵町（8,903人→8,298人：－6.8％）、松浦市（25,145人→23,309人：－7.3％）、南島原市（50,363人→46,535人：－7.6％）、壱岐市（29,377人→27,103人：－7.7％）、西海市（31,176人→28,691人：－8.0％）、五島市（40,622人→37,327人：－8.1％）、平戸市（34,905人→31,920人：－8.6％）、対馬市（34,407人→31,457人：－8.6％）、小値賀町（2,849人→2,560人：－10.1％）、新上五島町（22,074人→19,718人：－10.7％）の18市町である。とくに、離島の市町において人口減少率が大きいことが分かる。

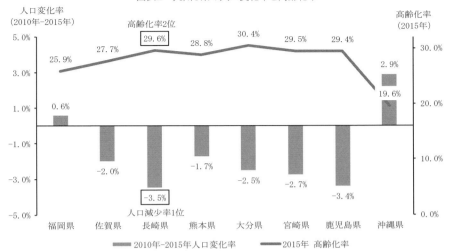

図表2　九州8県の人口変化率と高齢化率

(注) 人口変化率（2010-2015年）＝（2015年人口－2010年人口）÷2010年人口×100。
　　 高齢化率（2015年）＝65歳以上人口÷総人口（年齢不詳を除く）×100。

(資料) 国勢調査(2010年・2015年)。

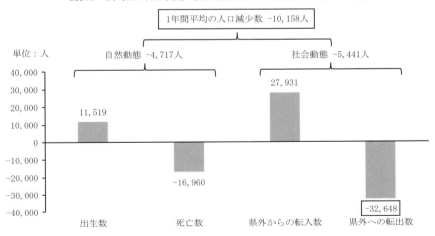

図表3　長崎県の人口変動の要因分解:2011-2015年の5カ年平均値

(注1) 2011年・2012年・2013年・2014年・2015年の5カ年平均値。
(注2) 人口変動＝自然動態（出生数－死亡数）＋社会動態（県外からの転入数－県外への転出数）。

(資料)長崎県異動人口調査(2011年・2012年・2013年・2014年・2015年)。

図表4 長崎県から県外への転出先・県外への転出年齢の上位5位

単位：人、％

順位	転出先地域	5カ年平均転出数	総転出数に占める割合	転出年齢	5カ年平均転出数	総転出数に占める割合
1位	福岡県	9,418	28.8%	20〜24歳	7,218	22.0%
2位	東京都	2,648	8.1%	25〜29歳	4,903	14.9%
3位	佐賀県	2,082	6.4%	15〜19歳	4,304	13.1%
4位	神奈川県	1,677	5.1%	30〜34歳	3,393	10.3%
5位	熊本県	1,628	5.0%	35〜39歳	2,510	7.6%
1位〜5位までの合計		17,453	53.5%		22,327	67.9%

(注1) 2011年・2012年・2013年・2014年・2015年の5カ年平均値。
(注2) 県外への転出先で外国が2,110人であるが、外国は順位から外し国内地域の順位を示している。
(資料)長崎県異動人口調査(2011年・2012年・2013年・2014年・2015年)。

　では、長崎県の人口減少の要因は何か。人口変動は、自然動態（＝出生数−死亡数）と社会動態（＝転入数−転出数）に要因分解できる。長崎県異動人口調査をもとに、2011年から2015年までの5カ年平均で確認してみたい（図表3）。自然動態については、出生数が1万1,519人、死亡数が−1万6,960人であり、合わせて−4,717人となっている。社会動態については、県外からの転入数が2万7,931人、県外への転出数が−3万2,648人であり、合わせて−5,441人となっている。自然動態と社会動態を合わせると−1万0,158人である。このことから長崎県では、県外への転出数が人口減少に最も影響を及ぼしていることが分かるとともに、毎年約1万人の人口が減少している状況にある。

　さらに長崎県から県外への転出先・県外への転出年齢についてみると、詳細は割愛するが、福岡県に転出する若い世代が多いことが窺える（図表4）。

（2）長崎県の離島の現状と課題

　長崎県では離島の市町の人口減少率が大きいことを確認したが、長崎県の離島の現状と課題について、長崎県（2015）『長崎県の離島（離島振興対策実施地域）』に基づき述べる（注2）。

　長崎県には、無人島を含めると594の島々があり、そのうち離島振興法に基

づく離島振興対策実施地域の指定を受けた有人島（有人島数）は、対馬島（6島）、壱岐島（5島）、平戸諸島（17島）、五島列島（18島）、西彼諸島（5島）の合計51島である。2010年現在、51島の面積は1,550.69㎢、人口は13万6,983人、世帯数は5万7,235世帯であり、長崎県全体に占める割合は、面積37.8％、人口9.6％、世帯数10.2％である。ちなみに、全国の離島に占める割合は、有人島数19.6％、面積28.8％、人口32.6％となっている（図表5）。

　長崎県の離島では人口減少が急速に進んでおり、1960年から2010年にかけて、人口は32万7,596人から13万6,983人へと－58.2％減少している（図表6）。同じ期間、長崎県本土の人口減少率－10.0％と比較しても、離島ではいかに人口減少が急速に進んでいるかが分かる。離島の年齢構成についても、15歳未満の年少人口と15〜64歳の生産年齢人口は減少している一方、65歳以上の高齢者人口は増加しており、本土と年齢構成割合を比較すると、年少人口割合と生産年齢人口割合は低く、高齢者人口割合は高い。つまり、本土と比較して離島では人口減少と少子高齢化が進んでおり、これらの数字からも離島の状況は想像に難くない。

　先述したように人口減少は、自然動態（出生数－死亡数）と社会動態（転入数－転出数）に要因分解できる。自然動態に関連する指標として合計特殊出生率があるが、全国市区町村別の上位に対馬市（2.18で全国5位）、壱岐市（2.14で全国9位）がみられ、これらの離島では、地域の人口を維持できる水準の出生率2.07を超えている（注3）。ではなぜ、離島は本土と比較して人口減少率が大きいのか。その背景には、転出者数の多さ、つまり高校卒業時に就職や進学のために島を離れる若者が多いためである。

　2012年、対馬島、壱岐島、平戸諸島、五島列島の高校卒業者数は1,267人であるが、そのうち島に残ったのは142人（11.2％）だけであり、島を離れたのは1,125人（88.8％）にも上った。高校を卒業し、島で就職したくても条件の良い就職先は限られており本土で就職することを選択したり、高校卒業後に進学や就職で島を出て、大学などを卒業後またはUターンで島に戻りたくても希望にかなう就職先が少

図表5　長崎県の有人離島の面積・人口の状況

地　　域		有人島数	面積（km²）	人口（人）	世帯数	市町村数
地域名	対馬島	6	704.71	34,407	13,813	1市
	壱岐島	5	136.69	29,377	10,401	1市
	平戸諸島	17	77.65	8,694	3,938	3市1町
	五島列島	18	614.91	62,696	28,002	1市1町
	西彼諸島	5	16.73	1,809	1,081	2市
長崎県離島計（A）		51	1,550.69	136,983	57,235	8市2町
長崎県計（B）		−	4,105.33	1,426,779	558,660	13市8町
（A）/（B）%		−	37.8%	9.6%	10.2%	
全国離島計（C）		260	5,375.94	419,734	180,303	72市31町11村
（A）/（C）%		19.6%	28.8%	32.6%	−	

（注1）有人島：2010年国勢調査において、人口が確認された島。
（注2）面積：国土地理院「2010年全国都道府県市区町村別面積調」（2010年10月1日現在）。
　　　ただし、1km²未満の島については市町村調べ。全国離島計については、
　　　（財）日本離島センター「2009離島統計年報」による。
（注3）人口・世帯数：2010年国勢調査（2010年10月1日現在）。全国離島計の世帯数については
　　　2010年4月1日現在住民基本台帳による（国土交通省確認）。
（注4）市町村数：離島振興対策実施地域（2013年7月17日現在）による。
（資料）長崎県『長崎県の離島（離島振興対策実施地域）』2015年。

図表6　長崎県の離島の人口推移

単位：人、%

		1960年	1975年	1985年	2005年	2010年	1960−2010 減少率
長崎県全体	C=A+B	1,760,421	1,571,912	1,593,968	1,478,632	1,426,779	−19.0%
本土	A	1,432,825	1,336,230	1,381,299	1,326,312	1,289,796	−10.0%
離島	B	327,596	235,682	212,669	152,320	136,983	−58.2%
離島構成比	B/C	18.6%	15.0%	13.3%	10.3%	9.6%	−

（注1）人口は、各年とも国勢調査確定値。
（注2）離島の人口は、離島振興対策実施地域51島の人口。
（資料）長崎県『長崎県の離島（離島振興対策実施地域）』2015年。

なかったりと、島内における就職先の絶対的な少なさと就業条件などによる要因が大きい。離島の産業分類別就業者数や産業分類別生産額の推移をみると、とくに農林水産業の第1次産業、建設業や製造業の第2次産業の減少が大きく、長年、島の経済を支えていた基幹産業の衰退に伴い、若者の就職先の減少と島外への流出などによる人口減少と地域社会の衰退につながっているのである。

　その他、離島では、石油製品の高さ、交通費の高さ、情報通信環境の整備状況

の低さ、人口当たり医師数の少なさなど、人々の生活や産業活動における不利な状況が課題として挙げられる。

4. 人口減少が進む中で地域経済を考える際の視点
(1) 人口減少が進む構図

人口減少はどのような要因により進むのであろうか。図表7には、人口減少が進む構図の例を示している。

地域の人口が減少すると、まず、小売店、飲食店、娯楽施設、医療機関などが減少し生活関連サービスの質・量ともに減少していく。これら第3次産業は今や地域の主体となる産業であり重要な就業機会であるため、働く場所が減少していくことを意味する。また、人口減少は地方税収の減少につながり、行政サービスの有料化や廃止が進むとともに、建設された公共施設や道路・橋・上下水道などの社会インフラの老朽化に対応できなくなることも想定される。さらに、地域公共交通とくに鉄道や路線バスなどの撤退・縮小については、すでに取組みが進んでいる地域もある。これらの事象は生活利便性の低下としてさらなる人口減少につながる。

地域住民の身近な生活空間への影響はどうであろうか。人口減少は、空き家

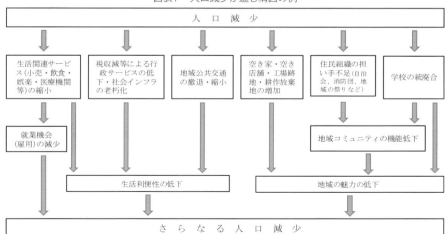

図表7 人口減少が進む構図の例

(出所)「2014(平成26)年度 国土交通白書」をもとに筆者作成。

の増加を招き、地域の経済・産業活動の縮小は空き店舗、工場跡地、耕作放棄地の増加につながり、地域の景観の悪化、治安の悪化、建物の倒壊などの問題を引き起こす。地域をより良くするために活動する住民同士のつながりや話し合いの場である地域コミュニティの機能低下も深刻である。また、自治会（町内会）、消防団、地域の祭りなどの住民組織の担い手不足、さらには小学校、中学校などの統廃合につながる。これらの事象は地域の魅力の低下として人口減少が進む要因となる。

（2）人口減少が進む中で地域経済を考える際の3つの視点

　我が国の多くの地域で人口減少が進む中、さまざまな取組みが展開されている。長崎県においても、「長崎県総合計画 チャレンジ2020」や「長崎県まち・ひと・しごと創生総合戦略」などに基づき多面的な施策が展開されている。ここでは、筆者が考える人口減少が進む中で地域経済を考える際の3つの視点について述べてみたい。

　第1の視点は、地域の所得額を維持するため労働生産性を高めるという視点である。地域の所得額である地域内総生産（GRP：Gross Regional Product）＝地域内生産額（売上額）－中間投入額（費用）と定義される。そして、地域の所得額＝就業者数×就業者1当たり所得額（労働生産性）と分解できる。今後、人口減少に伴い就業者数が減少していくことが予測される中、地域の所得額を維持するためには、就業者1人当たり所得額（労働生産性）高めていく必要がある。増田（2014：pp.145-146）は、「地域経済は、大まかに年金、公共事業（公的支出）、地域の自前の産業が3分の1ずつで回っている」と指摘している。すでに高齢者が減少している地域では年金額も減少しており、さらに公共事業（公的支出）は人口が多い都市部に集中し、人口減少が進む地域では今以上に減少してくことが予想される。いかに地域の産業を伸ばしていけるか、いかに地域で新しい産業を育てていけるか、いかに地域に企業を誘致していけるかという多面的な視点が大切であり、これらのことで労働生産性を高め地域の所得額を維持していく必要がある。

第2の視点は、域際収支を増やしていくという視点である。域際収支＝移出額・輸出額－移入額・輸入額で示される。移出額および移入額とは、国内の地域間取引（たとえば都道府県間取引）のことであり、例を挙げると、長崎県で生産された農産物を福岡県の消費者に販売した場合は移出、福岡県で生産された加工食品を長崎県の消費者が購入した場合は移入となる。輸出額・輸入額とは、国外との取引のことであり、観光の場合を考えると、中国の人が長崎県に観光に来て宿泊や飲食サービスを購入した場合は輸出、長崎県の人が中国に観光に行き同じく宿泊や飲食サービスを購入した場合は輸入となる。域際収支がプラスもしくは均衡という状態が自立経済の1つの指標である。そのためには、他地域に販売する移出額・輸出額を増やし、他地域から購入する移入額・輸入額を減らす必要がある。地域経営も企業経営と類似している。すべての産業の域際収支をプラスもしくは均衡にすることは難しいが、強みのある産業を伸ばしていくという戦略も1つの重要な視点である。参考までに、2011（平成23）年長崎県産業連関表（40部門表）において域際収支を計算してみると、長崎県の域際収支は－5,168億円でありマイナスである。しかし、40の産業部門のうち、域際収支がプラスの産業は、金額が大きい順から、船舶・同修理、電力・ガス・熱供給、電子部品、はん用機械、商業、運輸・郵便、対個人サービス、水産業、飲食料品、農林業、その他の非営利団体サービスの11部門ある。また、観光は総合産業であるため産業連関表には明示されないが、観光を含め域際収支がプラスの産業は、長崎県の強みのある産業と言えるのではないだろうか。

　第3の視点は、地域コミュニティを核とした地域内外とのつながりを活かした地域発展という視点である。都市や企業の集積に基づく経済成長の源泉は、主として、規模の経済（Scale Economy）と集積の経済（Agglomeration Economy）である。しかし、地方においては、それらの経済性をもとに成長することが難しい地域が多く、経済性を補完する地域コミュニティの存在が重要となる。藤田ら（2018：pp.196-197,214-215）は、地域コミュニティを、消費者、生産者、関係する機関や組織などの経済主体の協働のもと、市場メカニズムを補完して、個別の利潤最大化だけでは

達成されない地域全体の利益を創出しようとする住民主体のシステムと定義している。ここでの地域コミュニティとは、地域のしがらみという負のニュアンスではなく、公益性や創造性を発揮する積極的な地域社会のことであり、人と人、組織と組織の結びつきのもと、地域資源を製品化・ブランド化し、国内外の市場に供給し、地域全体の利益が創出できる可能性があることを意味している。そして、歴史や伝統、文化などを土台として構築されている地域を革新できるかどうかは、地域課題の共感と共有に基づき、革新を生み出そうとする地域コミュニティの醸成にあることを指摘している。長崎県においても、地域コミュニティを核として農業の6次産業化や民泊などをはじめ、地域課題の共有に基づき立ち上がり、地域内外に共感を広げ、つながりを活かした地域発展の事例などがみられる。そのような取組みを支援してくことは重要なことである。

5.地域を考えるための大学教育の実践事例

　3.で述べたとおり、長崎県の人口は、毎年約1万人ずつ減少している。人口減少は、長崎県だけの問題ではなく、我が国の多くの地域が抱えている問題である。そして、人口減少という問題を中心として、地域住民のさまざまな問題につながっている。冒頭、本学地域創造学部の学生教育の目標は、地域の住民にとって有益な有形・無形の新しい価値を生み出し、豊かな地域をつくっていく人材を育てることであると述べた。本節では、筆者が本学で実践している地域を考えるための大学教育の実践事例について紹介したい。

（1）大学教育についての基本的な考え

　高校生が大学に進学しはじめに感じることは、高校時代に比べて、自分で考え主体的に学び・行動することが求められ、自己責任の比重が大きくなることではないだろうか。本学の場合、4年間でのカリキュラム（教育課程）で構成されているが、この4年間をどのように過ごすかはその後の人生に大きな影響を与えると言っても過言ではない。大学を卒業する時に、高校時代よりも「実感できる自分の力」

をつけてはじめて大学に来た意味がある。では、どうやって実感できる自分の力をつけていくのか。

　図表8には、大学教育における学生の成長過程に関する筆者の考えを示している。大学教育の基盤となっているものは、研究者である教員の物事を探究する研究(研究論文の執筆など)である。大学教育のカリキュラムは、各教員の専門とする研究分野に関係する授業およびゼミで構成されている。そのため大学では、教員の研究が重要であり、そのことが学生への教育に影響を与える(ただし、大学では、研究時間の確保が課題となっている)。大学教育による学生の成長過程については、授業での学び(学生の成長のための第1過程)、ゼミでの学び(学生の成長のための第2過程)、卒業論文作成による自己表現(学生の成長のための第3過程)に分けて考えることができる。このような成長過程をとおして、必要とされる単位数を取得し大学を卒業する時には、一人ひとりの学生が、大学教育の目標とする能力(学位授与方針であるディプロマ・ポリシーで示されている能力)が身についたことを実感できている必要があると考える(ただし、実感できる力の程度は、自分で考え主体的に学び・行動したかどうかの程度に比例する)。

図表8　大学教育における学生の成長過程に関する考え

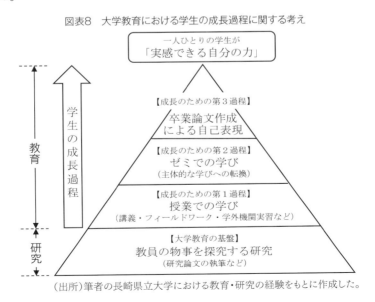

(出所)筆者の長崎県立大学における教育・研究の経験をもとに作成した。

高校生などが入学を志望する大学を選ぶ際には、文系・理系を問わず、大学・学部・学科等の教育理念に基づき、どのような力を身に付けた学生に卒業を認定し、学位を授与するのかを定めた基本的な方針であり、学生の学修成果の目標となるディプロマ・ポリシー(卒業認定・学位授与の方針)、ディプロマ・ポリシーの達成のために、どのような教育課程を編成し、どのような教育内容・方法を実施し、学修成果をどのように評価するのかを定めた基本的な方針であるカリキュラム・ポリシー(教育課程編成・実施の方針)、大学・学部・学科等の教育理念、ディプロマ・ポリシー、カリキュラム・ポリシーに基づく教育内容等を踏まえ、どのように入学者を受け入れるかを定めた基本的な方針であるアドミッション・ポリシー(入学者受入れの方針)をよく読んでおくことが大切である(注4)。そしてできれば、オープンキャンパスなどに参加し、実際に大学の雰囲気を感じてもらいたい。

　以下、大学教育による学生の成長過程(3つの過程)について、筆者の実践事例を紹介したい。

(2)授業での学び(学生の成長のための第1過程)

　授業は、学生が知識や経験を蓄積する場である。筆者が専門とする研究分野は、農業経済学と地域経済学である。筆者が担当している地域を考える授業(専門教育科目)の流れについて図表9に示している。1つの授業は、1回90分・全15回で構成され、授業の内容や進め方については、教員が学生に示す授業計画書(シラバス)に基づき実施される。

　まず、1年生を対象に行っている地域経済論は、経済学の考え方(理論)に基づき人口減少や地域経済を考える授業である。授業の最初に話すことは、「経済学とは経世済民を意味し、経済学の理論に基づき地域を考える学びが地域経済論である」ということを伝えている。授業では、「なぜ地方の人口減少や都市への人口集中が起こるのか」「なぜ特定の地域に企業が集積するのか」などの社会事象の仕組みについてミクロ経済学やマクロ経済学の理論に基づき学び、さらに学んだことを深めるためにグループ・ディスカッションを行っている。

2年生を対象に行っている地域分析法Ⅰは、政府統計ポータルサイトe-statなどの統計データをもとに、統計データの収集と読み方を学び、パソコンを使用し統計データを活用して表計算ソフトExcelで作図し、地域の現状を考える授業である。人口、農業・漁業、観光、産業、地域経済循環、自治体財政などの視点ごとに、人口の場合は国勢調査のデータ、産業の場合は経済センサスのデータなどを用い、「なぜA地域とB地域のデータに差があるのか」などに着目し、その背景にある社会事象を踏まえ要因を考察している。

　地域分析法Ⅰのあとに同じく2年生を対象に行っている地域分析法Ⅱは、RESAS（Regional Economy Society Analyzing System：地域経済分析システム）などを活

図表9　筆者が長崎県立大学において担当している地域を考える授業（専門教育科目）の流れ図

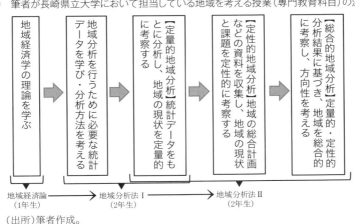

（出所）筆者作成。

写真　学生が統計データをもとに地域を考えている様子：地域分析法Ⅱの授業

（出所）長崎県立大学佐世保校にて2018年1月に筆者撮影。

統計データをきっかけとして地域を考える学び　—長崎県立大学における学生教育の実践事例—　　　75

用しグループ・ワークを通して、地域の現状と課題を整理した上で方向性（打ち手）を考える授業である。授業の前半ではパソコンを使用しRESASの使い方を学び、授業の後半では分析する長崎県内の市町ごとにグループに分かれて議論を重ね、地域の現状と課題を踏まえ、強み（Strengths）、弱み（Weaknesses）、機会（Opportunities）、脅威（Threats）の4つの分類で地域をみるSWOT分析を行ったあと、地域の方向性（打ち手）を考えている。

　3つの授業いずれも基本的に毎回課題の提出物があり、予習や復習などを含めて、学生に地域を考える力をつけてもらいたいとの思いで授業を行っている。

（3）ゼミでの学び（学生の成長のための第2過程）

　ゼミとは、教員の指導のもとに少数の学生が集まり、特定の分野・テーマについての文献を読んだり、発表や議論などを行う演習科目である。専門的な内容を学ぶとともに、発表や学生同士での議論などをとおして自分を表現する場であり、それまでの授業での受動的な学びから主体的な学びへの転換を図る場である。

　筆者の2年生のゼミである基礎演習のテーマは、「自らの視点で地域の現状と課題を考える」である。ゼミでは、増田寛也編著（2014）『地方消滅』を輪読書として、地域の人口減少問題について考えている。毎週、ゼミの学生全員が事前にその週に輪読する章を読みコメント用紙に書いてきた感想を発表し、そのあと関連するテーマについてグループ・ディスカッションを行っている。

　ここでコメント用紙の一例を紹介したい。「私は今まで地方よりも大都市の方が魅力のある職場がたくさんあるから、多くの若者が大都市圏に流入して働いていると思っていた。しかし、仕方なく地方から流出していることが分かり、そうではないことが分かった。仕方なくということは、本当は地方に残りたいけど……ということなので、本当に地方にとってはもったいないことをしていると思った。その上、その仕方なくが地方の消滅プロセスへの道なら、一人でも多く仕方なくと思う若者を減らし、地方でいきいきと働ける環境を作っていかなければならないと強く感じた。」これは、輪読書第1章「極点社会の到来──消滅可能性都市896の衝撃」を読

んだある学生のコメントである。極点社会とは、東京圏をはじめとする大都市圏に日本全体の人口が吸い寄せられ地方が消滅していき、大都市圏という限られた地域に人々が凝集し、高密度の中で生活している社会のことである。地方から大都市圏への人口移動がこのまま続くと、全国1,784自治体のうち896（49.8％）の自治体が消滅する可能性があるという予測は、ゼミの学生たちも驚くとともに、なぜ地方の人口は減少するのだろうか、なぜ若者は都会にいくのだろうかと思いを強くしたことと思う。この他にも基礎演習では、レポートの作成・発表をとおして、論文の書き方など基礎的な能力を身につける内容を行っている。

　筆者の3年生のゼミである専門演習のテーマは、「卒業論文に向けて基礎的な調査研究を行う」である。卒業論文とは、「大学教育で学んだ知識や経験の蓄積をもとに、自らの問題意識（物事をとらえる視点）に基づき、よく調べて、自らの考えを文章で説明・表現すること」であると考える。卒業論文は、一人ひとりの学生が、気づき→思い→考え→考察する、という過程が大切であり、時間が必要である。卒業論文の完成度（達成度）は、考えた時間、調査・分析をした時間、書いた時間に比例する。そのため、卒業論文は4年生で提出するが、筆者のゼミでは3年生から卒業論文の作成に向けて準備をはじめている。具体的には、卒業論文の問題意識の作成、問題意識に沿った現地調査および調査報告書の作成・発表などを行っている。まず、論文の3本柱である卒業論文のタイトル、自らの視点を表す問題意識、論文のストーリーを表す目次を作成する。卒業論文は自分の主張でもあるため、卒業論文のテーマは、基本的に学生本人に決めさせている。問題意識を作成する際、言葉の定義、これまで当たり前と考えられていることへの疑問を示す「しかし」と「なぜ」の文言に留意しながら、自らの問題設定をするよう指導している。

　つぎに、それぞれの学生の問題意識に沿って現地調査先（3ヵ所程度）を決め、調査依頼文を作成し、学生一人ひとりが自分でアポイントを取り、夏季休暇中に現地調査を行い、調査報告書を作成している。3年生の夏季休暇中に現地調査を行う目的は大きく3つある。1つ目は、当然ながら卒業論文のためである。現地に行き、その場の空気感を感じ、実際に活動されている方の話を聴くという現地

調査の経験が蓄積となり、卒業論文の考察(なぜそういう結果になったのかという自分自身の要因分析)ができるようになる。3年生の後半から就職活動や公務員試験の準備となり、卒業論文のための現地調査が難しくなるため早めに取り組んでいる。2つ目は、就職活動や公務員試験時の面接対応のためである。3年生の夏季休暇中に現地調査を実施しておくことで、就職活動や公務員試験の面接時に大学で行っている研究について話すことができる。実際、面接の際に、卒業論文の調査研究について話すことができたとの経験も聞いている。3つ目は、社会に出て働く際、机上だけで考えるのではなく、実際に現地に足を運び意思決定をしていく訓練のためである。その他、春季休暇中は、調査先の方々が年度末で忙しい時期であることが挙げられる。過年度の卒業論文作成に向けた現地調査先としては、長崎県内や九州管内の行政・団体などをはじめ、例えばコンパクトシティをテーマにしている学生は国土交通省(東京霞が関)や富山市、景観をテーマにしている学生は京都市などに実際に行きインタビュー調査を行っている。

　また、現在までのところ3年生と4年生合同でゼミを行っており、3年生の発表の際は4年生から意見や質問があり、4年生の発表の際は3年生から意見や質問があるため、学年が異なることにより良い刺激になるとともに、3年生は4年生の卒業論文作成の過程を学ぶことができる。また、先輩・後輩のつながりもでき、4年生の就職活動や公務員試験の経験を3年生に伝えるということにもつながっている。

　以上、2年生ゼミの基礎演習および3年生ゼミの専門演習の内容について述べた。改めて授業とゼミの関係について述べておきたい。図表10には、大学教育で

図表10　大学教育での知識・経験の蓄積と自己表現力の向上との関係

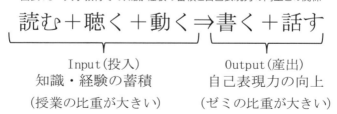

(注)　知識・経験の蓄積が、自己表現力の向上に関係する。
(出所)筆者の長崎県立大学における教育・研究の経験をもとに作成した。

の知識・経験の蓄積と自己表現力の向上との関係について示している。大学教育では、知識や経験の蓄積をもとに、自己表現できる能力を高めていくことが求められる。授業（講義・フィールドワーク・学外機関実習など）では、読む＋聴く＋動くというInput（投入）をとおして知識・経験が蓄積され、ゼミでは、自らの言葉で書く＋話すというOutput（産出）を繰り返すことにより自己表現力の向上が図られる。授業は、基本的に履修者が多いため教員から学生への一方向のコミュニケーションの部分が相対的に多く、知識・経験の蓄積に比重が置かれた教育方法である。一方、ゼミは履修者が少なく教員と学生および学生間の双方向のコミュニケーションの部分が相対的に多く、自己表現力の向上に比重が置かれた教育方法である。また、Input（投入）としての知識・経験の蓄積が、Output（産出）としての自己表現力の向上に関係するため、授業とゼミは両方ともに重要である。

（4）卒業論文作成による自己表現（学生の成長のための第3過程）

　卒業論文作成の教育的意義について、児玉（2013）は、「学生にとって、これまで抱いてきた疑問や問題意識を、大学4年間で学んできた知識や経験を活用することにより明らかにしてゆく過程は、学生生活の集大成として大きな意義がある。」と述べている。一人ひとりの学生の自己表現である卒業論文を読むと、その学生が大学教育をとおしてどの程度成長できたかを知ることができる。そして、図表8の大学教育における学生の成長過程に関する考えに従えば、大学教育も卒業論文をとおして最終的には評価されると考えられ、大学教育にとって卒業論文は重要な意義をもつ。

　筆者の4年生ゼミの卒業論文は、先述したとおり現在までのところ3年生と4年生合同で行っているため、3年生とも議論を交わし、本学の卒業論文作成要領に沿って卒業論文を作成している。当然、3年生時の現地調査では不十分な場合があり、追加調査やアンケート調査なども実施する。そして、11月には卒業論文報告会、1月には卒業論文の提出となる。提出する直前の卒業論文は、4年生と3年生がペアを組んでの相互確認、そして、筆者との個別打合せの際には、筆者の経

験から完成度を高めるため、黙読だけではなく、音読をして確認を行わせている。

　2018(平成30)年度の4年生17名の卒業論文をみると、謝辞にインタビュー調査などでお世話になった方のお名前が合計で88名記載があった。学生には毎年度、完成した卒業論文は、インタビュー調査でお世話になった方にお礼状を添えて送るよう伝えている。それは仕事の合間に時間を割いて対応していただいた方へのお礼と感謝の意味があり、社会人になってからも大切なマナーであるためである。また、お世話になった方に卒業論文を読んでもらいたいとの学生の思いが、卒業論文を書くエネルギーにもなっている。

　これまで筆者のゼミ生の卒業論文テーマをみると、人口減少が進む地域の活性化のためには何が必要かという問題意識で書いている学生が比較的多い。ゼミなどで学生と議論する際、あなたの考える「地域活性化とは？」、「分析とは？」、「考察とは？」など言葉の定義についてよく質問をする。卒業論文は家づくりと同じで、自分の中で土台である言葉の定義が一つ一つ定まっていないと、出来上がりつまり自分の主張である結論が曖昧になりゆらぐからである。そして、数学にたとえ、卒業論文の問題意識＝数学の問題、卒業論文の結論＝数学の解答にあたること、そのため、自分の主張である結論を導き出すまでの論理展開を、言葉の定義、仮説、インタビュー調査結果やアンケート調査結果などに基づき、しっかり書くよう指導している。また、結論では先行研究（先行論文など）の主張と自分の主張との相違について論じ、文章で自分の主張の独自性を論じることができるようになることを期待している。そして、卒業論文の作成過程で考え・行動し、提出期日までゼミの仲間とも協力し合いながら努力していくことにより力がついていき、卒業論文を提出し終えたときに、「達成感」と「実感できる自分の力」を学生自身が感じることができると、これまでの卒業生をみてきて感じている。

　3.において、人口データからみる長崎県のすがたについて述べたが、長崎県をはじめ人口減少が進む地域において地域活性化は重要な課題である。卒業論文の作成過程で、ゼミ生の現地調査の経験を踏まえ、筆者とゼミ生との間で議論してきた内容をもとに、ゼミの研究成果でもある地域活性化についての考えを

紹介したい。

　地域活性化とは何か。辞書を開いてみると、地域活性化という言葉はない。地域という言葉と、活性化という言葉を組み合わせたものである。それぞれの言葉を調べてみると、地域とは、先述したように、住民が共同して生活を送る地理的範囲、活性化とは、沈滞していた機能が活発に働くようになること、また、そのようにすること、とある。これらを踏まえ、地域活性化とは、「沈滞している地域が変わり、地域の住民が現在よりもより良い豊かな生活を送ることができるようになること、また、できるようにすること」であると考える。図表11には、地域力を活かした地域活性化の発展段階に関する考えを示している。地域力を活かした地域活性化の基盤となるものは、「地域の温もりや良さ」を大切にしていくことである。そこを土台として沈滞する地域への危機意識を地域住民が共有し、行動を起こしていくところに地域内外への共感の輪が広がり「地域内外の人とのつながり」が拡大していく（第1段階）。人とのつながりは、「経済・雇用」の維持・増加につながり（第2段階）、そして「人口」の維持・増加につながる（第3段階）と考えられる。地域のことについて述べているが、実は、学生たちがこれから就職する社会においても言えることかもし

図表11　地域力を活かした地域活性化の発展段階に関する考え

（出所）筆者と長崎県立大学の筆者のゼミ生との間で、卒業論文の作成過程をとおして議論してきた内容をもとに作成した。

れない。図表12には、これらの考えに至った、筆者のゼミ生による地域活性化に関連する卒業論文の事例を示す。今後さらに学生と教員相互の主体的な研究を積み重ねることにより、地域活性化に関する考えをはじめ、地域を考える研究も進化していくものと考えている。

なお、筆者のゼミでは、これまで毎年度、ゼミ生の卒業論文を取りまとめた卒業論文集を作成してきており、卒業式の日に一人ひとりに1冊ずつ手渡している。そして、ゼミの卒業論文集は、本学佐世保校の附属図書館にも毎年度配架してもらっている。

図表12　筆者のゼミ生による地域活性化に関連する卒業論文の事例

発展段階	卒業論文のタイトル
人口	なぜ地域に移住するのか―長崎県北地域を対象として―
	移住に着目した地方の人口減少対策―平戸市を事例にして―
経済・雇用	対馬市を訪問する韓国人観光客の実態調査―持続的な交流促進に向けて―
	地域一体となった活動には何が必要なのか―波佐見町と有田町の比較分析―
	焼き物による地域活性化を超えるためには ―佐賀県有田町と長崎県波佐見町を事例として―
	長崎県の体験型修学旅行受入れによる現状と課題 ―松浦党の里ほんなもん体験を事例として―
	地域連携から見る地産地消×食育による地域活性化に関する一考察 ―松浦市を事例として―
	長崎県農業における6次産業化の現状と課題 ―これから6次産業化に取り組む方々には何が必要なのか―
	緑茶の現状とこれから―長崎県と鹿児島県の比較―
	長崎県におけるトラフグ養殖業の現状と課題 ―トラフグ養殖業の将来を見据えて―
	産業連関表作成から見える川棚町の現状
つながり	離島における高齢者の生活・買い物弱者の現状―長崎県壱岐市を事例として―
	景観における地域らしさの構築―魅力ある景観まちづくりには何が必要なのか―
	コンパクトシティは災害に強いのか ―コンパクトシティ富山市とビッグシティ東京23区を比較して―
	高齢者の暮らしやすいまちとは―地域コミュニティを中心としたまちづくり―
	持続可能な神楽を目指すには―石見神楽と芸北神楽を事例として―

（注）発展段階の分類は、図表11地域力を活かした地域活性化の発展段階に関する考えに基づく。
（出所）長崎県立大学　吉本ゼミナール『卒業論文集』第1集(2015年度)、第2集(2016年度)、第3集(2017年度)、第4集(2018年度)。

写真　毎年度発行してきている筆者のゼミの卒業論文集

（出所）長崎県立大学佐世保校にて2019年3月に筆者撮影。

6.まとめ

　本稿では、統計データをきっかけとして地域を考える学び─長崎県立大学における学生教育の実践事例─と題し、これから大学で地域を学び研究したいと考えている高校生などを対象に、統計データのうち人口データをもとに長崎県のすがたを考え、さらに本学における筆者の学生教育の実践事例をとおして、大学教育での地域を考える学びについて紹介した。

　大学教育の役割は、人材育成である。筆者の大学教育における学生の成長過程に関する考えについて図表8をもとに述べたが、これは大学内だけでできるものではない。地域の方々の協力が必要不可欠である。本学地域創造学部では現在、地域のことを考えることのできる人材育成を目指して、長崎県内の離島の自治体などに協力してもらい実施しているしまのフィールドワーク（全学教育科目）や長崎県内の公共機関に協力してもらい実施している公共機関インターンシップ（公共政策学科実践科目）などが単位科目として実施されている。人口減少をはじめ地

域の社会構造が変化している中、社会の変化に対応できる人材を大学で育成するためには、地域との関係がこれまで以上に重要になると考えられる。

本稿の冒頭において、本学地域創造学部の学生教育の目標とは、地域の住民にとって有益な有形・無形の新しい価値を生み出し、豊かな地域をつくっていく人材を育てることであると述べた。わかりやすく言い換えると、「地域の現状・課題・方向性を考え・行動できる地域づくりのお医者さんを育てること」であると考える。本学での教育をとおして、一人ひとりの学生が「実感できる自分の力」を身につけ、10年後、20年後、将来社会で活躍してくれることを期待している。

注

1 総務省統計局「統計学習の指導のために（先生向け）」、https://www.stat.go.jp/teacher/c2epi1.html、2018年11月閲覧。

2 長崎県の離島の現状と課題については、吉本（2018：pp.139-142）の内容の一部を加筆・修正したものである。ここでの離島とは、離島振興法に基づく離島振興対策実施地域の指定を受けた有人島である。市町村合併により、長崎県本土の自治体と合併した離島も含まれる。

3 対馬市と壱岐市の合計特殊出生率については、厚生労働省（2014）「平成20年〜平成24年人口動態保健所・市区町村別統計の概況（人口動態統計特殊報告）」に基づく。

4 中央教育審議会大学分科会大学教育部会（2016）『「卒業認定・学位授与の方針」（ディプロマ・ポリシー）、「教育課程編成・実施の方針」（カリキュラム・ポリシー）及び「入学者受入れの方針」（アドミッション・ポリシー）の策定及び運用に関するガイドライン』を参考とした。

引用・参考文献

藤田昌久・浜口伸明・亀山嘉大（2018）『復興の空間経済学―人口減少時代の地域再生―』日本経済新聞社。

児玉恵美（2013）「卒業論文作成における教育的意義について―学生の自尊感情と教員による期待―」『応用障害心理学研究』第12号、pp.13-26。

増田寛也編著（2014）『地方消滅―東京一極集中が招く人口急減―』中央公論新社。

藻谷浩介・NHK広島取材班（2013）『里山資本主義―日本経済は「安心の原理」で動く』KADOKAWA。

吉本諭（2017）「長崎県の農業の現状と可能性―長崎県立大学生の授業レポートの視点から―」長崎県立大学編集委員会編『創る×まち 育てる×ひと 地域創造と大学』長崎新聞社、pp.175-193。

吉本諭（2018）「「課題解決型学習法」（PBL）―長崎県立大学COC事業の取組み―」平岡祥孝・宮地晃輔編著『「それでも大学が必要」と言われるために―実践教育と地方創生への戦略［増補版］』創成社、pp.138-159。

長崎県立大学 吉本ゼミナール『卒業論文集』第1集（2015年度）、第2集（2016年度）、第3集（2017年度）、第4集（2018年度）。

第III部
直面する地域課題への対応

高校・大学・地域が連携する主権者教育
―長崎県大村市における「票育」事業を事例に―

公共政策学科　石田　聖

　「18歳選挙権」が導入され、若者の政治参加を促し、政治や社会への関心を高めることが重要とされつつある。この章では、こうした背景を踏まえ、現在の日本の若者の政治参加を取り巻く状況や課題を概観する。その上で、若者の政治への関心を高め、社会参加を促すための試み一環として、長崎県内で取り組まれている大学生・行政・NPOとが連携した主権者教育の取り組みを紹介したい。

1.日本の若者と政治に対する意識

　最近、巷では日本の若者は諸外国と比べると政治に無関心であり、各選挙における20代、30代の投票率が他の世代に比べ低くなっていることは周知の事実となっている。経済開発協力機構(OECD)の各国投票率に関する調査(2016年)によれば、16〜35歳までの投票率は55歳以上の投票率に比べて、25.2ポイントも低く、イギリス(38.2ポイント)に次いで、OECD加盟国28か国の中で2番目に大きなものとなっている。また日本の若者は自尊心や社会参画における自己有用感が諸外国の若者と比べると低く、「自分の力では何も変えられない」「自分は何もしなくてもコミュニティは安泰である」といった無力感や他者依存、無関心といった傾向が高いことも各種調査等で指摘されている。一方で、政治への関心について目を向けると、15〜29歳までの若者で「政治にまったく関心がない」という若者の割合はOECD平均が25％であるのに対して、日本は11％と加盟国中3番目に低

く、必ずしも日本の若者が政治に無関心というわけではない。むしろ、政治に対して積極的にかかわり、「参加する」ことに後ろ向きな姿勢がうかがえる。国政選挙等においても若者の投票率は他

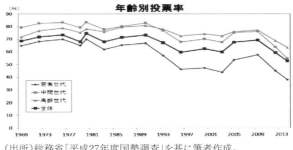

図表1　年齢別投票率

（出所）総務省「平成27年度国勢調査」を基に筆者作成。

の世代に比較して低く、また近年その差が拡大傾向にある（図表1）。一方で、時として、今日の日本の政治状況は「シルバー民主主義」と呼ばれることがある。これは少子高齢化の進展により、有権者に占める高齢者（シルバー）の割合が増加し、高齢者層の政治への影響力が増大する状況と考えられている。選挙に当選したい政治家が、多数派の高齢者層に配慮した政策を優先的に打ち出すことで、少数派である若年層の意見が政治に反映されにくくなり、世代間の不公平につながることも懸念されている。

　若者の政治参加が低調とみられる背景にはさまざまなな理由が考えられるが、学校におけるこれまでの政治に関する教育が一般的に政治や選挙の仕組み等の知識・概念中心の学習となることが多く、実際の政治的、社会的に争点となっている課題を取り上げ、関心を持たせたり、判断力を育成したりするような教育が十分に行われてこなかったことも要因の一つと考えられている。日本の若者は政治に関してある程度の知識を持ち、あるべき民主的な仕組みや態度については理解しているが、政治的な課題や組織に将来積極的にかかわっていこうとする姿勢が弱いという指摘もある。必ずしも、政治に関する知識が高ければ政治や社会への参画志向が強くなるというわけではないようだ。政治に関する知識・理解度はあるのに、なぜ日本の若者が政治や社会への参画志向が弱いのかという理由を明確に示すことは難しい。ただし、政治や社会に主権者としてかかわることの重要性が、自らの経験に裏付けられた実感が持てる意識としてではなく、単に

政治に関する正しい情報として知識を備えているだけだとしたら、社会参加に結びつきにくいことが十分考えられる。

2.18歳選挙権と若者の投票率

　2015年(平成27年)6月の改正公職選挙法成立により、選挙権年齢の引き下げが行われ、18歳以上の者が投票や選挙運動ができるようになった。1945年(昭和20年)に選挙権年齢が満25歳以上から満20歳以上に引き下げられて以来、実に70年ぶりに選挙権年齢が満18歳以上に引き下げられた。これにより、「自ら考え、自ら判断し、自ら行動していく」高い資質をもった主権者の育成が望まれている。

　改正後の初の国政選挙である第24回参議院議員選挙(2016年7月10日)の投票率は、18歳が51.3%、19歳が42.3%であった。新たに有権者となった18歳及び19歳の投票率は、全体の平均投票率54.7%には及ばなかったものの、20代の平均33.2%に比較すれば高く、高等学校での主権者教育等の取り組みが一定程度普及し、社会全体で若者の投票率をアップさせようという機運が高められたとも評価できる。

　しかし、その後の第48回衆議院議員選挙(2017年10月22日)の投票率は、18歳が47.9%、19歳が33.3%といずれも低下している(全体の平均は53.7%であった)。参院選時には18歳だった有権者の投票率が、衆院選の際には大幅に低下しているのである。こうした結果に対しては、19歳は大学・専門学校等への進学で住民票を移動せずに通学しているため投票ができないものが多く、住民票異動の啓発を継続・強化する必要があるとの声もある。とりわけ、2016年の参院選は、18歳選挙権導入後の初の国政選挙であったため社会的な注目度も高く、連日マスメディアで取り上げられたが、2017年の衆院選は前年に比べ停滞した印象を受ける。

　2016年と比較すると、「教育現場でも主権者教育が活発になったが、依然と比べて停滞した印象がある」「衆院選では特に政局は中心に報道され、若者向けの政策が見えにくかった」など、若者の政治参加を啓発する団体、マスメディア等からも意見が出されているところである。

3.主権者教育とは何か？

　そもそも主権者教育における「主権者」というものについて考えてみたい。日本国憲法前文及び第一条には「国民主権」とあるが、「主権者」とはどのような人物を意味するのだろうか。かみくだいて表現するならば「自分たちが社会のありようを決める権利と責任を有している人物」といえる。

　主権者を考えていくうえで、日本の若者が自分の国の政治にどのくらい関心を持っているのか考えてみたい。昨今、新聞等を見てみると「若者の政治離れ」「若者の投票率が低い」「日本の若者の政治への関心は低い」という論調がしばしば見られる。一方、やや古いデータにはなるが、2013年度の内閣府調査「我が国と諸外国の若者の意識に関する調査」（図表2）によれば、「あなたは、今の自国の政治にどれくらい関心がありますか。」という問いに対して、日本の若者の「非常に関心がある」「どちらかといえば関心がある」という回答の合計は意外にも50％を超えている。この数字はドイツ（69.0％）には及ばないにせよ、アメリカ（59.4％）、イギリス（55.8％）と比較しても、それほど大きな差とは言い難い。

図表2　「あなたは、今の自国の政治にどれくらい関心がありますか。」

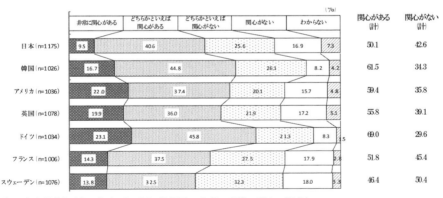

（出所）内閣府「平成25年度 我が国と諸外国の若者の意識に関する調査」。

　公益社団法人明るい選挙推進協会によれば、2018年の衆議院議員選挙における20～30歳代の若者の投票棄権理由の第一位は、「選挙にあまり関心がなかったから」（20.4％）、次いで「適当な候補者も政党もいなかったから」（20.2％）が

僅差で続き、以降、第三位「仕事があったから」(18.9%)、第四位「政党の政策や候補者の人物像など、違いがよくわからなかったから」(12.9%)となっている。また、「自分のように政治のことがわからない者は投票しない方がいいと思ったから」(6.9%)となっている。「仕事があったから」は、期日前投票を周知することで対応することができる。第一位の「選挙にあまり関心がなかったから」は、政治的無関心の層が一定数存在しており、その対策が求められる。それ以外の3つの選挙で投票にしなかった理由を合計すると40％になり、これは現実の政治や正当に関する知識が無いため棄権したとも推測される。つまり、現実の政治などがわからない、換言すれば、自分たちの生活とのかかわりがわかりにくいと若者が投票に行かないという傾向がある。ここに主権者教育が求められる背景がある。

　本稿のタイトルに「主権者教育」とあるが、そもそも論として「主権者教育」とはどのようなものだろうか？「主権者教育」という言葉は、2011年度に総務省が設置した「常時啓発事業のあり方等研究会」報告書の中で、「国や社会の問題を自分の問題として捉え、自ら考え、自ら判断し、行動していく主権者としての自覚を促し、必要な知識と判断力、行動力の習熟を進める教育」と定義されている。

　これまで高校で学んできた「政治・経済」「現代社会」の教科書では、「衆議院の議員定数」「任期」「参議院と衆議院の違い」など用語や制度の説明が多く、実際に有権者になる前に、社会的に対立する問題を取り上げ、政治的な課題に関心を持つように促したり、判断力を育てるような実践的教育は十分に行われてこなかった。同報告書は、若者の政治離れは学校教育とかかわる問題であり、「政治的リテラシーの向上」が主権者教育に求められるとした。ここでいう「政治的リテラシー」とは、政治的判断力や批判力を意味し、「政治的・社会的に対立している問題について判断し、意思決定をしていく資質」を意味している。

　筆者も大学で「政治学概論」という科目の講義を担当しているが、必ず初回の講義で学生に対して、「政治や選挙という言葉に対してどのようなイメージを持つか？」をコメントカードやアンケート形式で尋ねている。学生の回答には、「国や地域のあり方を決める重要なもの」と回答する学生もいる一方で、「面倒くさい」「難

しい」「社会のことがよくわからない」「一部の偉い人たちだけでものごとが決められている」「政治家が悪いことしているではないか」といった回答もあり、政治に対してネガティブなイメージを持つ学生も少なくはない。

政治に対して「面倒くさい」という印象を持つ学生の中には、政治や経済の知識がなくとも「政治的有効性感覚（自分の投票で政治が変わるという実感）」を持てない限り、わざわざ自分の時間をつぶしてまで選挙に投票に行かないという状況もある。また、青年期特有の完璧主義も若者が政治から距離を置く理由として挙げられるかもしれない。たとえば、「まだ働いた経験がなく税金や社会保障の仕組みがわからない…」「政治の仕組みや政党の掲げる政策をよく理解していないのに…」、そんな自分たちが投票に行って良いのか？、と考えている学生も確認できる。こうした回答はメディアが報じるように、単純に「若者は政治意識が低い」のではなく、真面目に考えたものの、「政治が分からないのに一票を投じてよいのか」と悩んだ結果として選挙に行かないという判断をする若者が一定数いることを示唆している。

その意味で、主権者教育とは、若者が持つ「面倒くさい」「政治家・政党の言っていることや政策が分からない」「自分が一票を投票しても社会は変わらない」といった気持ちや疑問に応答するため、①現実の政治などの社会の働きが私たちの身近な生活に大きな影響を及ぼしていること、②政治や社会に対する私たちのはたらきかけが、社会を維持するだけではなく、社会を変えていく可能性があるということを、実感させることを目的としているといえる。

4.主権者教育の実践

では実際に主権者教育にはどのような手法や教育現場での取組みが見られるのだろうか。選挙権年齢が18歳以上に引き下がり、近年、中学校や高校の学校現場において、模擬投票やグループディスカッションなどを通じて、若者の政治や選挙での投票の関心を高めてもらおうとする取り組みが全国各地で広がっている。

2015年10月に文部科学省が出した「高等学校等における政治的教養の教育と高等学校等の生徒による政治活動等について」という通達の中で、「今後は、行動学校等の生徒が、国家・社会の形成に主体的に参画していくことがより一層期待される」と述べられている。その後、平成27年公職選挙法改正により、選挙権年齢が満18歳以上に引き下げられたことを受け、文部科学省は2016年3月に「主権者教育の推進に関する検討チーム中間まとめ～主権者として求められる力を育むために～」(以下、中間まとめ)を発表した。中間まとめでは、「主権者教育」とは政治・選挙教育に限定したものではなく、その前提となる主権者として求められる資質や能力を身に着けさせるものであることが明示されている。

18歳選挙権導入前後より、全国各地の高校と選挙管理委員会、地域が連携して、さまざまな機会を通じて主権者教育が進められるようになった。2015年に文部科学省と総務省は、主権者教育を推進するため高校生向け副教材として「私たちが拓く日本の未来～有権者として求められる力を身に着けるために」を副教材として公表している。これらを改めて見返すと、主権者教育とは決して議会や投票など、政治・選挙の仕組みだけを教えることにとどまらない。副教材の中にも「社会を生き抜く力」や「地域の課題解決を社会の構成員の一人として主体的に担う」とあるように、現実の社会課題を取り上げることも想定されている。たとえば、地域の公民館や図書館、スポーツ施設、公共交通機関、これらは自治体予算で運営されている。このことを考えると、筆者の勤務校がある長崎県佐世保市が2019年3月末で市営バスの廃止が決定したが、こうした地域公共交通機関の存廃も自治体が決めていることなどを具体的に示し、地域課題について学生たちが議論し合ったり、地方議会を傍聴したりすることなども主権者教育の一つである。

当然ながら、主権者教育には政治、選挙や投票についての基礎的な知識や理解を生徒たちに身に着けさせるという目的がある。これまでの教科書で扱われてきた項目の暗記中心ではなく、教科書だけでは実感が持てない「選挙の作法」を学ばせることが期待される。高校生、大学生の中には、投票にはかなりの時間を要すると考えている学生も多い。一回でも投票した経験があれば、それこそ5分もか

からず投票は済む話であるが、若者が初めて経験する選挙ではわからない。そこで代表的な主権者教育の一つとして「模擬投票(模擬選挙)」を挙げることができる。

他にも主権者教育の教材(開発)や実践手法は実にさまざまである。各政党の政策や考え方の違いがよくわからない場合には、若者の政治への関心や投票への心理的ハードルを下げるために、各党の政策を自分たちで比較して投票先を決める「政策比較」の方法もある。例えば、神奈川県藤沢市では、主権者意識を育む授業の一環として、総合的な学習の時間を中心に高校図書館を活用し時事問題を調べる教育に力を入れている。また高校図書館への新聞の複数配置により新聞記事を活用した教育手法であるNIE(Newspaper in Education)での活用が見られる。とくに、高校生に政治などを身近に感じてもらう試みとして、生徒会選挙の活発化、学校施設の使い方、体育祭等の競技種目を生徒自身が投票で決めるなども実践例として挙げられる。筆者が住む長崎県でも、離島にある五島高校で実施されている「バラモンプラン」では、高校生による仮想政党づくり、国家予算編成などユニークな取り組みが試みられている(図表3)。

図表3　五島高校の「バラモンプラン」

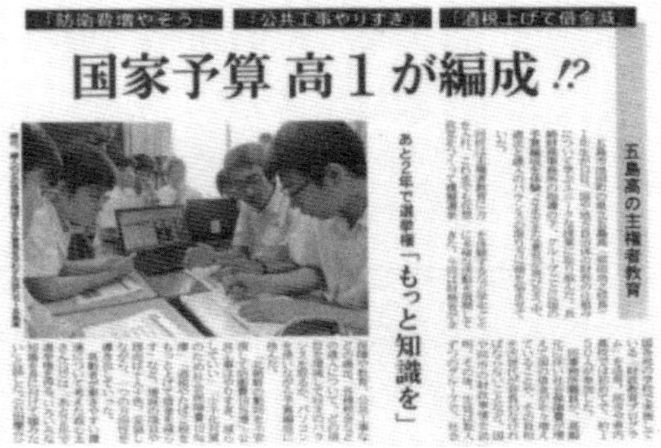
「防衛費増やそう」
「公共工事やりすぎ」
国家予算 高1が編成!?
五島高の主権者教育
あと2年で選挙権「もっと知識を」

(出所)長崎新聞2017年6月15日。

以下の表は、全国各地で取り組まれている主権者教育の授業、活動内容の例を示したものである。

これらの「主権者教育」を考える際に重要になってくるのは、近年、教育現場において重視されている「アクティブ・ラーニング」の視点である。以下の図は、アクティブ・ラーニングを説明する際に、よく知られている「学びのピラミッド(Learning Pyramid)」というモデルである(図表5)。アクティブ・ラーニングとは、学生が受動的に授業や講義を受けるスタイルではなく、学生が主体的・能動的に授業に参画して

図表4　主権者教育における授業内容・活動内容の工夫の例

◆選挙制度、公職選挙法、選挙の仕組みに関する学習
・公民科（現代社会、政治・経済）の授業を主権者教育の中心に据えた事例
◆模擬投票
・教科で得た知識等を活用して実施する事例
◆現実の政治的事象を扱った授業
・生徒の社会政治への関心を高める事例、課題発見・解決を重視する事例、多面的、多角的に考察し判断する事例
◆新聞ノートづくり
・新聞を切り抜いて感想文等を書いて発表し、政治や社会への関心を高める事例
◆PTA活動との連携
・PTAと行う合同行事として主権者教育を取り上げ、選挙についての親子学習会の事例
◆自治体が主催する「子ども議会」「高校生議会」への参加
・各学校から選出された中学生、高校生議員が本会議場で現職議員や自治体職員の前で意見発表、現職議員による講評を経て、議長や首長に発表する事例

（出所）桑野（2017）、文部科学省（2016）を参考に筆者作成。

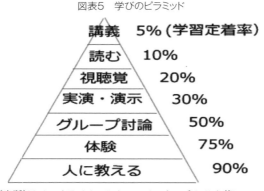

図表5　学びのピラミッド

（出所）National Training Laboratories ウエブサイトを基に筆者作成。

いく学習スタイルである。具体的には、学生たちが教室内でグループディスカッションを行なったり、プレゼンテーションを行なったり、フィールドワーク等を通じたプロジェクト学習などがある。従来のように教師の話を聞く、板書を見てノートを取る古典的で受動的な授業から離れ、教える側と学生が一緒になって「授業を楽しむ」「学びの楽しさ、経験を共有する」ことが重視されている。

　主権者教育においても、政治や選挙に関する知識・理解を定着させ、関心を持たせたりするためには「何を学ぶか」も重要であるが。「どのように学ぶか」ということも重要と考えられる。

　ピラミッド中にあるような学習定着率を高めていくためには、教える側にも工夫が求められる。具体的には、教える側が一方的に政治に関する知識を教えるだけ

ではなく、参加者を巻き込み、主体的な発言や議論を促す「ファシリテーター」としての役割が求められる。この点は、後述する大村市の主権者教育においても重要なポイントであり、主権者教育の教材開発、そのさらなる充実化において、十分に配慮しなければならない点である。

こうした主権者教育の効果的な推進にとって学校が果たす役割は大きい。公職選挙法改正時には、マスコミも18歳選挙権導入に関して積極的なPRを展開し、ある種の「お祭り」的な状況も見受けられた。一方で、これからは現場でノウハウを蓄積させ、より地道な取り組みが必要である。しかしながら、学校現場によってもばらつきがある。2016年の参議院選挙後に総務省が行った「高校での選挙・政治教育」について18〜20歳の新有権者を対象に行ったインターネット調査によれば、学校で学ぶ政治経済の他、外部講師を招いた課外授業などで主権者教育を「受けたことがある」と回答した人は約6割となっている。また、主権者教育も「高校生から始めるのでは遅い」といった意見もあり、高校入学前、あるいは子ども達の成長段階に応じた取り組みの必要性も指摘されているところである。

5.長崎県大村市における主権者教育

ここからは長崎県内における主権者教育の取組みを紹介する。長崎県大村市では、選挙権年齢が18歳に引き下げられたことに伴い、若者の政治や選挙への関心を高めるため、市選挙管理委員会、NPO法人、そして筆者が所属する長崎県立大学を含む長崎県内の大学生が連携を図り主権者教育に取り組んでいる。

（1）大村市の概要

長崎県の中央に位置する大村市は、西側に大村湾を望む自然豊かな都市である。1975年（昭和50年）に世界初の本格的な海上空港として長崎空港が開港し、東京、大阪など国内各地、対馬や五島などの県内離島、さらには上海など長崎の玄関口としての顔を持つ。また、日本の競艇発祥の地とされ、大村湾にボートレース場もある。大村市は、近年人口減少が著しい長崎県内において人口が増加して

いる自治体の一つであり、1980年は人口65,538人に対して2010年は90,517人となっている（大村市人口ビジョン　2017年7月）。一方、90年代以降は19歳以下の人口増加率は減少に転じており、逆に75歳以上の人口増加率との差も縮小しつつある。

(2)「票育」事業

　ここでは、大村市選挙管理委員会、NPO法人「僕らの一歩が日本を変える。」（以下、ぼくいち）、長崎県内の大学生が連携して取り組んだ「票育」事業について説明する。大村市における票育事業は2016（平成28）年度以降に取り組みが継続している。

　票育事業は、長崎県内においては、NPO法人・市選挙管理委員会・県内大学（長崎県立大学、長崎大学、長崎国際大学）とが連携した主権者教育の一環であり、県内の主権者教育の中では先駆的かつユニークな試みとなっている。ぼくいちホームページによれば、「票育」とは、「U-22（アンダー22）による、“新たな”政治教育」をコンセプトに、若者と政治に新しい出会いの場、若者が政治に関心を持つきっかけをつくり、政治への参加を促すことを目指している。票育の特徴は、学校や地域ごとにオーダーメイドした模擬投票の実施であり、大村市でも投票先を選ぶ過程で自分たちが生活する町の課題を発見し、解決の道を探る点に重きが置かれている。

　筆者も長崎県立大学佐世保校の公共政策学科学生（旧地域政策学科）の主に2年生、3年生を中心に2016年6月から支援教員としてかかわっている。ちなみに、2016年は、長崎県立大村城南高校ボランティア部33名の高校生が後述する「票育クルー」に認定され、大学生のサポートのアドバイスも受けながら大村市内を調査し、最終的に政治の仕組みや大村の魅力や課題をゲーム感覚で学ぶカードゲームの作成を行った。本稿では、主に県内大学生が主権者教育授業を作り上げた2017年度の票育事業を取り上げる。以下、29年度の票育事業の流れに沿って説明したい。

（3）大村市票育クルー認定式・キックオフミーティング

　大村市選挙管理委員会が事業のコーディネーター役であるNPO法人ぼくいちと業務提携を経た後、中学生・高校生への政治への関心を高める教育活動に関心のある県内大学生が集まり「票育クルー」として認定される。この票

図表6　2017年度票育クルー認定式

（出所）大村市票育事業ウェブサイトより。

育クルーは主権者養育授業において非常に重要な役割を担っており、実際に授業に向けたテーマ設定、教材作成、模擬投票の候補者役、授業本番でのファシリテーターや進行役を担うことになる。

　2017年度は、長崎県立大学と長崎国際大学の2年生から4年生の大学生計12名がクルーに認定された。認定式には、大村市の園田市長や市選挙管理委員も同席のもと認定式・キックオフミーティングが行われた。認定されたクルーは主権者教育用の教材作成から授業実施までの約4ヵ月間にわたり研修を受ける。認定後、クルーたちは大村市の魅力、将来に向けた課題について、実際に大村市に何度も足を運んで学び、最終的な調査成果を市長選模擬選挙のマニフェストとして活用し、中学生・高校生に主権者教育の授業を届ける形となっている。

（4）実地研修、大村市長との意見交換

　認定式の後、大学生のクルーたちは実際に主権者教育のコンテンツを準備していくわけだが、学生たちの多くは大村市出身者ではなく、近隣の長崎市や県内他自治体、そして県外出身者が大半であった。また、学生クルーたちが在学している長崎県立大学（佐世保校）、長崎国際大学ともに佐世保市内に位置しているため、普段から票育クルーたちが大村市になじみがあるというわけではない。そこ

で、まず、票育クルー自身が大村を知り、大村という街の魅力や課題について学ぶために複数回にわたる実地研修に参加する。ここでは大学生のクルーたちが、大村市の「観光」「産業」「市民生活」をテーマに設定し、各分野で活躍しているゲスト講師、そして大村市長を迎えて、9～10月の間で実地研修が行われた。研修のゲスト講師として、農業の6次産業化に取り組み農業と観光の交流施設を展開する、おおむら夢ファームシュシュ代表取締役の山口成美氏、市内で飲食業を展開し地域雇用者数の増加を目指す株式会社大幸企画代表取締役の時忠之氏、大村に本社を置きホテル事業の展開しつつ、各種商品・サービスを取り扱う株式会社九州教具代表取締役の船橋修一氏の3名を招き研修を行った。

　研修では大村市で活躍する"かっこいい大人たち"の話を聞いた後、意見交換や質疑応答を行った。例えば、大村の強み(例:交通アクセスの良さ、歴史や自然の豊かさ)や課題(例:観光PRが不十分、大学など高等教育機関が少ない、若者が楽しめる娯楽施設が少ない)などについて議論を重ねていった。その後の実地研修では、大村市の園田市長との意見交換も行われ、市長から大村市の将来像について話を聞いた後、クルー自身が描く大村市の未来像、模擬市長選に向けた候補者のマニフェストづくりの参考にしていった。この際、授業で用いる模擬市長選挙のテーマとなる争点、ゲスト講師の選定については、NPO法人ぼくいち、選挙管理委員会からもアドバイスを受けながら、票育クルーたちが直接対面やオンラインミーティング、SNS等を活用しながら授業案を作成していった。時には、オンラインでの議論が夜遅くまで及び、テーマ設定からゲスト講師の人選に至るまで白熱する場面もあった。

図表7　実地研修でのヒアリング(左)、園田大村市長との意見交換会(右)

(出所)大村市選挙管理委員会からの写真資料提供。

（5）票育授業と模擬投票

　2017年度は、大村中学校、長崎県立大村高等学校、私立の向陽高等学校の三校が対象校となった。以下は2017年の準備段階と票育授業当日の流れである（図表8）。

図表8　2017年度票育事業の流れ

票育授業のスケジュール
2017 年 5 月：大村高等学校票育授業
2017 年 8 月：大村市第 2 期票育クルー認定式・キックオフミーティング
2017 年 9〜10 月：実地研修でのヒアリング、市長との意見交換会
2017 年 11 月：大村中学校票育授業
2017 年 12 月：向陽高等学校票育授業
票育授業当日の流れ
①アイスブレイク → ②導入説明 → ③候補者演説 1（2 分程度） → ④シンキングタイム 1 → ⑤候補者演説 2（5 分程度） → ⑥候補者への質問タイム・回答収集 → ⑦シンキングタイム 2 → ⑧投票・開票 → ⑨まとめ

（出所）筆者作成。

　長崎県立大学及び長崎国際大学の学生たちが本格的に票育授業のテーマ設定、教材づくりにかかわったのは8月の認定式以降である。その後の実地研修（9〜10月）を経て、票育授業実施（11〜12月）となっている。

　2017年に大学生の票育クルーが作成した模擬選挙の争点は、大村市をもじった架空の自治体「O村市」を舞台とした「仮（架空）の選挙」を扱ったもので、3名の大学生が模擬市長選挙の候補者役を演じた。仮の選挙に立候補することを想定して各候補者役が制作を掲げて立会演説を行い、最後に投票を行うものである。実際の選挙を扱っていないので、テーマに柔軟性があると同時に、実施時期にとらわれることなく融通が利くという面がある（一方で、実際の選挙や政治がテーマではないため内容の実現可能性がなく、「体験」に終始する側面もある）。実際に、2017年12月に向陽高等学校で実施された票育のマニフェスト、模擬選挙の様子は以下の通りである。

図表9　票育での候補者マニフェスト（上）と
　　　向陽高校での模擬投票（下）

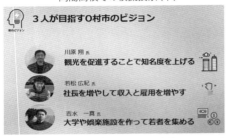

（出所）大村市票育事業ウェブサイトより。

　実際の授業では、O村市の活性化を争点に、各候補者のマニフェストを学び投票を行う形をとり、授業を通じてまちの課題や解決策について楽しく学ぶことを目的としている。

　当日、アイスブレイク、導入説明の後、2度にわたる候補者演説を聞いた後、高校生たちはシンキングタイムに入る。ここでは、生徒7〜10人を一グループで編成し、各グループに対してクルー達が議論のサポートに回っていく。この時、クルーはファシリテーター役となり、「どの候補者に関心を持ったか」「どのマニフェストを重視したのか」など、高校生の議論を促していく。時には、生徒たちの話を聞くことに徹し、話が煮詰まった場合などにはもう一度各候補者の政策を説明し、答えやすい質問をして生徒たちの意見を引き出していく。候補者の演説を聞き、シンキングタイムを経た後、生徒たちは選挙管理委員会が準備した実際に選挙で用いられる投票用紙、投票ブース、投票箱を用いて一票を投じる。また、この時、選挙管理委員会の立会いの下で投票を行う。このように、まだ本物の選挙に行ったことがない中学生、高校生向けに本番とほぼ同じ状況での投票体験ができるようになっている。

　次に、票育に参加した学生らの反応を見てみたい。授業後、生徒たちに5段階評価（1→不満足、5→満足）にアンケートを行っている。たとえば、2018年11月に実施された向陽高校の学生108名にアンケートを行ったところ80名（74.0%）が4以上の評価を行っている。参加した高校生の感想コメントを一部抜粋すると「投票の方法を知ることができて良かった」「数年後に自分が投票することになるので参考に

したい」といった選挙・投票の仕組みを学んだというものが多いだけでなく、「政策のメリット、デメリットを比較して誰に投票するかを考えることができた」「選挙のことだけではなく大村市のこと、自分の将来について考えるきっかけになった」「今まで気づかなかったけど大村の魅力を知ることができ、大村のことを好きになった」といった意見が見られた。また普段、学校生活で大学生と触れ合う機会が少ない大村の高校生にとって「大学生と話をし、交流できて楽しかった」などの声もあった。

　そして、以下は、実際にこれまで票育クルーとして中高生向けに授業を支援した大学生らの感想、コメントをまとめたものである。クルーとして参加した大学生らも地域政治や大村市のまちづくりへの関心が高まっただけではなく、票育を通じたさまざまな研修、授業実施、学外の多くの関係者とのネットワークを通じて、学生たち自身がコミュニケーション力やプロジェクトマネジメント力など自らの成長を感じ取っている様子もうかがうことができる。票育を通じて、高校生だけでなく大学生自身にとっても学びの機会となっている。

【大学生票育クルー 2017（平成29）年度のコメント】

「29年度から第2期大村市票育クルーとして活動を行ってきました。選挙という、一見堅苦しく受け止めてしまうものをいかに"身近に"感じてもらえるかを常に考えて票育に臨みました。この経験で、意思決定を行う際に身近な課題について関心を高めることができたため、自らを大きく成長させることができたと考えています。現在は遠方のNPOと行政、大学とが連携していますが、いずれは地元でNPOなど立ち上げて連携することで、より地元に密着したものになると考えています。」

（長崎県立大学地域創造学部・公共政策学科3年　柏井智志さん）

「票育クルーとして強く考えていたことは、どれだけ中高生が授業を聞いてくれてその後の人生につなげてくれるかという点でした。そして、授業でのファシリ

テーションとしては、話し合いのときに生徒に対して硬くなりすぎず、単なる世間話になりすぎずのバランスに気をつけながら生徒同士の会話を活性化させることができたと思います。ただ、なかなか興味を持てていない生徒に考えてもらうことが難しく、解決に時間をかけすぎてしまい他の班の話し合いを促すことができなかった点を反省し、次に活かしたいです。」

（長崎県立大学経済学部・地域政策学科　3年安藤直人さん）

「私は2017年度と2018年度の票育に参加しました。きっかけは大学の教授の誘いでしたが、学生のうちに色んなことを経験したいと思い参加しました。この票育を通して政治分野に興味を強く持つことができただけではなく、中高生とのかかわりによってコミュニケーション能力も身につきました。また実際に、候補者役を演じることでプレゼン力も身に付いたと思います。こうした経験は社会に出た時に役立つものばかりで、票育にかかわることができて本当によかったと思いました。」

（長崎国際大学人間社会学部・観光学科3年　古長卓実さん）

「初めは何をすれば良いかわからず、一年やりきったという感覚でした。中学生や高校生の興味をいかに惹き付けるか、選挙について身近に感じてもらうためどのような工夫が必要かをクルー全員で意見を出し合いました。このような意見交換をする中で、身近な地域の課題について自分自身の意見を持つこと、今までの国政への関心の方が強かったものが、地域の政治・行政への関心も高まったと感じています。この活動は、地元に住む中高生が選挙の仕組みと地域を同時に知る良い機会になっていると確信しているので、今後、こうした活動が地域を限定することなく、県内の各地域を対象に広がっていけばよいと感じています。」

（長崎国際大学人間社会学部・国際観光学科3年　川原翔さん）

6. 主権者教育の課題

　地域の課題に対して、高校生や大学生が自治体の選挙管理委員会、NPO法人、地元経営者など学校外の専門家と連携し、解決策を考える票育のような試みは、若者たちに自らの住む地域の魅力や課題を見つめなおし、地域の活性化に向き合わせるという点において効果があり、また地域に主体的にかかわろうとする点で「主権者」としての意識を育てる上で一定の効果があったと思われる。

　一方で、これまでの実践の中で、票育クルー大学生からも授業後の振り返りにて、「授業をうまく設計しないと、政策に目が行かず候補者のキャラクターなどに着目した人気投票になりがちになる」「高校生の積極性を促すためにファシリテーターにもっと配慮が必要」「生徒にとって"珍しく面白い授業"扱いにとどまりかねない点もあるから、日頃の学校生活の中でも能力を培う必要性もある」といった意見も出され、主権者教育を提供する大学生が実践を重ねるにつれ明らかになった課題もある。

　加えて、学校側には職員の負担の問題もある。主権者教育担当者の社会科教員が担当するケースが多いとされ、特定の教員に対する負担の大きさ、多忙なスケジュールの中で生徒たちに事前学習を行わせる時間的余裕がないとの声もある。主権者教育は社会科教員のみで担うものではなく、他教科との連携や総合学習の時間の活用も検討すべき課題である。たとえば、福井県では2015年度以降「主権者教育指導者講習会」を実施している。似たような講習会・研修会は各都道府県で見られるものの、2017年には県立高校の「社会科以外の教員」を対象にした講習会を実施している。その点で、大村市のように若者の政治参加を促す専門的なスキルや知見を有し、柔軟な教育プログラムを設計、サポートできるNPO法人との連携は、今後の長崎県における主権者教育の普及、促進にとって注目に値しよう。

　また、日本は教育基本法の下で、教育現場に政治的中立性を求めることが必要以上に慎重な傾向があるという指摘もある。筆者も留学経験のある米国では、投票年齢が1971年から「18歳以上」となっている。米国大統領選挙の報道を見て

もわかるように、選挙となれば、さながらビッグイベントの様相を呈す。米国の高校では現実の社会課題・地域課題を取り上げたり、大統領が掲げる政策の是非について議論したり、若者がSNS上で政治的態度を明確にしたり、政治キャンペーンを行うことも日常的である。日本と海外の文化の違いもあり、これに対しては、唯一絶対の処方箋があるわけではないが、将来の重要な課題について、もっと若者が議論しやすい環境を作っていくことも重要である。ドイツでは政治学者や教育学者が集り、政治教育のガイドラインとされる「ボイテルスバッハ・コンセンサス」(1976年)を作成している。この中には、いくつかの原則がある。たとえば、①教員が生徒の判断を侵してはならない。つまり、教師が生徒に対して意見を押し付けないこと。②学問的・政治的論争のある課題は授業でも同様の扱いをする。つまり、議論の分かれる問題は議論状況をそのまま授業の中で伝えることで、先生たちが政治的なトピックを取り上げやすくなり、政治教育が広がっていったという評価がある。こうしたガイドラインの整備も必要になってくるだろう。

7.まとめ

　本稿では、行政、NPO、大学とが連携した主権者教育の事例を紹介した。大村市の事例でも見たように、長崎県においても現場で試行錯誤しながら主権者教育が進められてきている。ただし、主権者教育は選挙の仕組みを学び、「選挙に行こう」と啓発活動に限定されるものではない。投票に行くことができる者(有権者)を「狭義の主権者」とするならば、現実の政治において投票の機会は国政選挙、地方議会議員選挙や首長選挙に限定される。また、若者が関心を持つ政策が候補者によって実際に選挙で必ず出てくるとは限らないため、投票による民主主義には自ずと限界もある。

　筆者は、「投票の方法」「選挙の仕組み」を学ぶことを「狭義の主権者教育」と理解するならば、大村市の事例で見たように、自分たちの住んでいる地域社会に対して課題を発見する力と、その課題に対して自分たちが取れる選択肢を考え、意思決定していく学びの機会は、投票行動に限定されない「広義の主権者教育」

の側面があると考えている。つまり、一人の人間として、国や自分たちの住む街や社会のことに関して、自ら考えて行動する若者を増やすための教育ともいえる。

　選挙権年齢が引き下げられ、「自分はまだ18歳だから・・・」とは大学生も言えなくなった。主権者としての資質や能力を育成していくには高校レベルのみならず、大学教育においても深められるべきものである。この点については、学校、選挙管理委員会、NPO等の組織・機関と協力するなど、広く学外からも協力者を得られる可能性を検討した上で、主権者教育の充実を図っていく必要がある。今は昔と違って、SNS等を通じて多くの情報を収集・発信することができ、候補者をしっかり見極めて自分の意志で一票を投じることができる。高校生や大学生にとって、たとえば、奨学金や学校卒業後の就職の問題など若者に身近な政策も今後議論が活発化し、候補者のアプローチも変わってくるかもしれない。私たちの身近な問題とかかわる選挙の際に、自分たちの街の現状や課題、魅力を知り、地域の将来を真剣に考える若者が増えてくれることを期待したい。

　現実の課題を学び、自分の行動が政治や社会に影響を与えることができる感覚(＝政治的有効性感覚)を高めることは、若者の政治に対する意識を高めることにつながると考えられている。2040年までに896もの市町村がなくなってしまうという地方消滅の危機も叫ばれ、少子高齢化・人口減少に伴う地方の衰退は急速に進んでおり、多くの地域が若年層の人口流出、人材不足に直面している。こうした現状から、今後、地域の担い手になるであろう高校生や大学生に対し、より地域課題に密着した形で、地域への愛着形成を促し、地域の課題を自分ごととして捉えることのできる教育効果の高い主権者教育を推進することは重要な課題となってくるであろう。

謝辞

　本稿は、大村市票育事業との出会いがあったからこそ生まれたものである。大村市の票育事業を通じて、大学生らにも貴重な学びと成長の機会を作っていただいた大村市選挙管理委員会職員の皆様、大学生票育クルーのメンバーに惜

しみないアドバイスと献身的なサポートをしてくださったNPO法人「僕らの一歩が日本を変える。」の今井郁弥様、河上鈴華様、そして長崎県立大学学生らとともに授業を作り上げてきた長崎国際大学の脇野幸太郎准教授、長崎国際大学の学生の皆様のおかげである。この場を借りて深く感謝の意を表したい。

参考文献

1 大村市、NPO法人「ぼくらの一歩が日本を変える。」(2016, 2017)『票育Crew研修報告書』(第一期及び第二期).

2 桑原敏典(2017)『高校生のための主権者教育ハンドブック』明治図書出版.

3 公益財団法人明るい選挙推進協会(2018)「第48回衆議院議員総選挙全国意識調査―調査結果の概要」(平成30年7月).

4 澄田知子(2017)「若者の政治参加促進に係る取組の現状と課題」昭和女子大学現代ビジネス研究所: 91 - 102.

5 広田照幸(著・監修)、北海道高等学校経営研究会(著・編集)(2015)『高校生を主権者に育てる―シティズンシップ教育を核とした主権者教育』学事出版.

6 文部科学省(2016)「主権者教育の推進に関する検討チーム中間まとめ～主権者として求められる力を育むために～」(平成28年3月).

7 OECD (2017) "OECD Society at a glance 2016 Voting" OECD Library
https://www.oecd-ilibrary.org/social-issues-migration-health/society-at-a-glance-2016/voting_soc_glance-2016-28-en (最終閲覧: 2018/12/20).

フードシステムにおける
食料品の消費問題と消費者

実践経済学科 **田村　善弘**

　私たちは日々の生活の中で当たり前のように食事をしている。この回数は、人によりさまざまであろうが、その中でさまざまな食料品をとっている。とはいえ、その際に原産地や生産過程などを考えながらとっている人はどれくらいいるだろうか。実際には、さほど疑問を持つことなくとっている人がほとんどであろう。しかし、この過程にはさまざまな仕組みがあり、それが相互に作用することにより、私たちの日々の食生活は成り立っているのである。

　本章では、食料品の消費をテーマとして、「フードシステム」と消費者の関係について考える。まず、フードシステムが何であるかを述べた後、そこで取り扱われる食料品が財としてどのような特徴をもっているのかについて述べる。次に、食料品の消費と消費者の関係について、食料品の消費に関わるいくつかの話題を取り上げてみていく。それを受けて、フードシステムについてどのように学んでいくか、これまでの授業等の内容を紹介しながら考えていくことにする。

　最後に、上記の内容をもとに、今後、私たちが日々の食生活を送り、食料品の消費の問題を考えていくなかで、どのような点に注意していけばよいのかについて考える。

1. フードシステムと食料消費

(1) フードシステムとは

　食料品を消費する場面を振り返ってみよう。まず、スーパーやコンビニなどの小売店へ行き、食料品を購入する。食料品を購入後に、それを調理して消費する場合もあれば、惣菜等を購入して消費する場合もあるだろう。さらに、飲食店などで食事をする場合のように多様な形態があるだろう。

　例として、家でトンカツを作る場合を考えてみよう。まず、材料として豚肉を購入する。その際に、盛り付けに必要なキャベツを購入するだろう。肉の購入時には、さまざまな肉からトンカツ用のものを選ぶだろうし、キャベツも丸いままのものやカットされているものを選ぶことだろう。

　では、このとき何を基準に選んでいるだろうか。なるべく安いものをということで価格を見ているだろうか。あるいは、国産をということで産地を中心にみているだろうか。いずれにしても、購入者は自身がもつさまざまな情報をもとに判断をしている。後者の場合、どこの産地のどの生産者か、顔まではっきりと思い浮かべられる人はどのくらいいるだろうか。実際に、そのような人は少ないのではないだろうか。なぜ、こうなるのだろうか。

　現在、私たちはさまざまな産地から届けられた食料品を入手している。これにより、自らの食生活を豊かなものとしている。図表1のように、私たちが食料品を入

図表1　フードシステムの構成

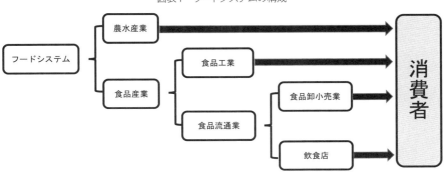

（出所）時子山ひろみ・荏開津典生・中嶋康博(2015:4)を一部改変。

手する過程には、農林水産業、食品産業（食品工業、食品流通業）のような様々な産業が関わっている。こうした生産から消費に至る一連の流れは、「フードシステム」といわれる。

　フードシステムとは「農漁家が生産もしくは漁獲した農水産物が、食品製造業者によって加工され、その食品が、スーパーなど食品小売業者、ファミリーレストランなどの外食業者を経て消費者にわたるという、食料・食品のトータルな流れ」（高橋・清水，2017:7）と定義されている。この中で、関係者が相互に影響しあいながら動いており、それにより私たちの食生活は支えられているのである。

　では、その中で関係者はどのような動きをしているのだろうか。図表2に示すように、全経済活動に占める食料・農業関連産業のシェアは10％代で推移してきている。2015年時点のシェアをみると、関連製造業3.9％、関連流通業3.1％、外食産業2.8％と高くなっている一方、農林漁業のシェアは1.2％となっている。ここから、フードシステムの川上の産業よりも川中・川下にある産業のシェアが高くなっていることがわかる。

図表2　全経済活動に占める食料・農業関連産業のシェア

区分	1970年	1980年	1990年	2000年	2010年	2015年
農業・食料関連産業	15.4	14.1	12.2	11.9	10.9	11.2
農林漁業	3.8	2.7	1.9	1.3	1.2	1.2
関連製造業	6.4	5.5	4.5	4.2	3.9	3.9
関連投資	0.6	0.7	0.5	0.4	0.2	0.2
関連流通業	2.7	2.8	2.8	3.2	2.9	3.1
外食産業	1.9	2.5	2.5	2.8	2.7	2.8
（再掲）食品産業	10.4	10.3	9.5	10.0	9.2	9.5
（参考）全経済活動	100.0	100.0	100.0	100.0	100.0	100.0

（出所）農林水産省（2018a）の一部を改編。

（2）財としての食料品の特徴

　このフードシステムの中で中心的に取引されるのが食料品である。しかし、食料品は消費者にとっては日々消費するものであり、日常生活において身近なもの

であるため、食料品そのものについて考える機会は少ない。果たして、食料品は他の工業製品と異なり、どのような特徴を持っているのだろうか。ここでは、食料品の財としての特徴を明らかにし、消費生活との関係をみていくことにしよう。

　まず、食料品の財としての特徴には、①必需性と飽和性、②安全性、③生鮮性、④習慣性(時子山,2012:11—18)ということがある。しかし、このほかにも④との関係から、地域性も重要になってくる。以下においては、地域性についてみていくことにしよう。

　私たちは毎日何らかの食料品をとっている。これは食べる人の年齢、体格、地域等により影響を受ける。そして、消費が繰り返される中で食料品に対して何かしらの「好み」が形成されることになる。そして、この「好み」は一度形成されるとなかなか変わることはない。例えば、ある地域では人気のある食料品も、他の地域ではほとんど消費されないということがある。しかし、一旦形成されてしまうと、なかなか変わらないのでその食料品と消費者の間には安定的で強固な関係が築かれることになる。

　ここで、下の問1と問2に注目してみよう。(　　)には、何が入るだろうか。これは、回答者の出身地域や食生活により大きく異なる。筆者が担当している講義で(　　)内について受講生に答えてもらった際に、県内出身の学生の場合は「五島うどん」と回答する学生もいたが、県外出身の学生の場合は「讃岐うどん」との回答が圧倒的に多かった。また、味噌の場合は「合わせ味噌」の回答が多い一方で、「白味噌」や「赤味噌」の回答もあった。

　問1　以下の（　　）に入る地名を答えなさい。
　・うどんと言えば、（　　　　　）うどんである。
　問2　以下の（　　）に入る味噌の種類を答えなさい。
　・味噌汁をつくるときには、（　　　　　）味噌を使う。

　このように、普段何気なくとっている食料品ほど、それがない地域で異なるものを受け入れることは難しくなる。例えば、地元を離れて他の地域に住んだ場合に、

その土地の食べものに慣れるのに時間がかかることがあるが、その理由の1つには食に関する習慣の違いがある。このように、食料品がもつ地域性から、各地域でそれに合った消費の仕方が考え出され、さまざまな食文化が形成されているのである。

2.食料消費と消費者

ところで、食料品を消費する人はどのように消費しているのだろうか。そもそも「消費者」とはいかなる人々を指すのだろうか。消費者とは「財やサービスを消費する主体」（神山ほか，2016:13）となっている。その意味では、生産者、加工業者、流通業者の全てが消費者である。そのうえで、近年の食料消費の動向、食料消費に関する問題（食品安全性、食品ロス）をみていこう。

図表3　消費者とは誰か

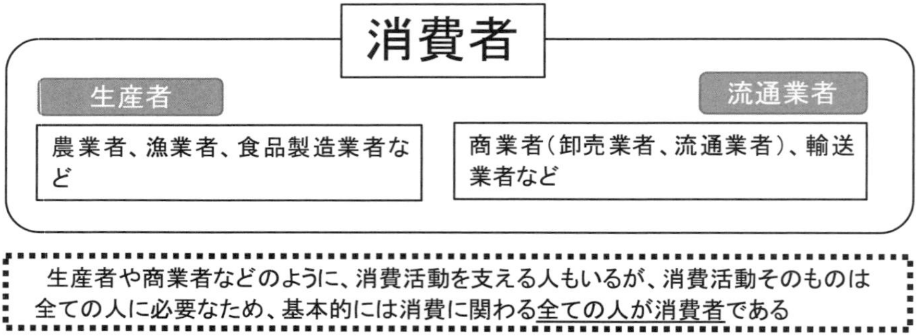

消費者

生産者	流通業者
農業者、漁業者、食品製造業者など	商業者（卸売業者、流通業者）、輸送業者など

生産者や商業者などのように、消費活動を支える人もいるが、消費活動そのものは全ての人に必要なため、基本的には消費に関わる<u>全ての人が消費者</u>である

（出所）筆者作成。

まず、食料支出についてみておこう。2017年の1カ月当たりの食料消費支出は29歳以下で16,037円、30歳代で17,167円となっている。70代以上では27,928円である。このように、年齢が上がるにつれて増加する傾向を示している。

そうした中で消費が増えているのが、調理食品や外食である。図表4から食料消費支出に占める調理食品や外食の割合をみると、2007年から2017年で外食の割合は50歳代を除く層ではほぼ横ばいとなっている。一方で、調理食品の割合は全ての層で増加を示しているが、なかでも29歳以下の層で増加している。

図表4　食料消費支出に占める調理食品、外食の割合

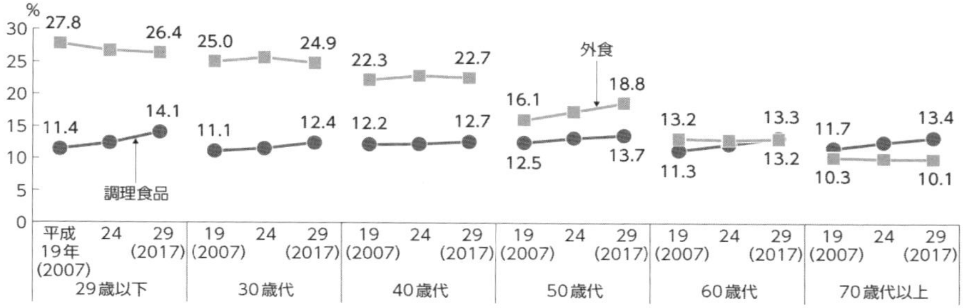

（出所）農林水産省(2018b: 77)。

　では、なぜ若者は調理食品を利用するのであろうか。調理食品を中心とする中食について、本学の学生が調査した結果[1]があるので、そちらをもとにみていこう。図表5は、調理食品等を利用する理由である。ここでは、「片付けが楽」、「料理をする時間がない」が高い。つまり、さまざまな活動等により多忙なことから、食事に対して利便性を求めていることがうかがえる。

　それ以外には「外食するより安い」、「自分で料理するより安い」ということから、経済的な理由からも調理食品等を利用していることがわかる。つまり、利便性の面と経済的な面が調理食品等を選択する主な要因となっていることがわかる。

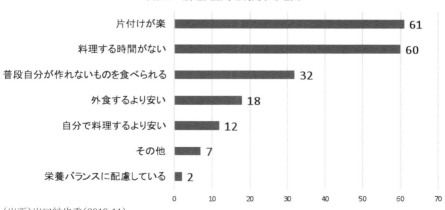

図表5　調理食品等を利用する理由

（出所）出口紗也香(2019:11)。

フードシステムにおける食料品の消費問題と消費者　　113

では、調理食品等はどこで購入しているであろうか。図表6をみると、コンビニが最も多く、次いでスーパーとなっている。スーパーの場合、エレナという回答が48件と最も多くなっていた。コンビニの場合は、セブンイレブンが34件と最も多く、次いでローソンが32件となっていた。購入先を選択する理由としては、スーパーもコンビニも「近いから」に対する回答が多くなっていた。購入先としては、自宅等から近いところにあるところを選んでおり、ここでも利便性を求めていることがわかる。

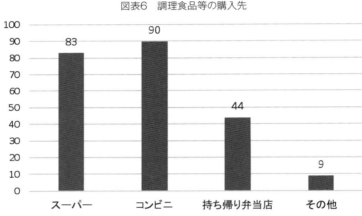

図表6　調理食品等の購入先

（出所）出口紗也香（2019:12）の内容を一部改編。

　以上のことから、消費者は食料品の消費については利便性を求めていることがわかる。このように、日常の食生活を家庭外に依存することを食の外部化という。この背景としては、まず消費者自身が多忙になり、調理等に時間が取れないということがある。加えて、技術の進歩により、調理等が簡便化され、味の面でも消費者の要求を満たす食料品が登場してきていることがある。

　これらのことは、消費者の食生活を便利なものとする一方で、別の問題をもたらすことになる。それはフードシステムにおける食と農の分離の進展である。つまり、消費者（食）と生産者（農）の間のさまざまな隔たりを拡大させてしまうということである。こうした状況下では、食に関するさまざまな問題が発生しやすくなる。これにはさまざまなものがあるが、ここでは消費者にも関わりのある食品安全性の問

題と食品ロスの問題を例に考えてみよう。

　早速、次の問3と問4の（　　　　）に入る内容を考えてみてほしい。

問3　食品安全性に関する問題として、思い浮かぶのは（　　　　）である。
問4　2015年の食品ロスで多く排出されているのは（　　　　）系のロスである。

　まず、問3である。回答者にもよるだろうが、問3には食品への異物混入、期限切れの原材料の使用、食品表示の偽装、食中毒などが入るだろう。これらの問題を見る際には、次の2点を考える必要がある。

　1点目は、食料品そのものに関する問題であるかどうかということである。残留農薬の基準のように、客観的な基準からみてどうかということである。この場合は、客観的な基準があるので、誰が行っても同じ判定となる。

　2点目は、食料品そのものに対して消費者がどう考えているかである。前述の基準を満たして問題がないと判断されても、いったん消費者が食料品に対して不安を抱くと、それはなかなか解消されない。そのため、いったん消費が減少した食料品を以前の水準に戻すにはかなりの時間がかかる。

　以上のことから、食料品の安全性については、客観的な基準により確保される「安全」と消費者の心に影響される「安心」という2つの視点からみる必要がある。そして、問題発生時にはこのうちの「安心」を回復するのに時間がかかるのである。そして、この2つをつなぐの「信頼」であり、食品安全性に関わる安心の確保においては、この信頼構築することが重要になるのである（図表7参照）。

図表7　食の安心における信頼の役割

（出所）中嶋康博（2016:5）。

次に、問4である。食品ロスとは「本来食べられるにも関わらず捨てられている食品」（農林水産省,2018c:6）である。これには、家庭から排出されるもの（家庭系廃棄物）と企業から排出されるもの（事業系廃棄物）とがある。

　農林水産省の資料（農林水産省,2018c:7）によれば、2015年度の事業系のロスが約357万トンであるのに対して、家庭系のロスは約289万トンである。したがって、空欄には「家庭」が入る。なお、国民一人当たりの食品ロス量は1日当たり約139gで、これは茶碗1杯分のご飯の量に相当する。

　図表8は食品ロスの発生場所と発生量を示したものである。フードシステムにおける発生量をみていくと、食品製造業で140トン、食品卸売業で18トン、食品小売業で67トン、外食産業で133トン、一般家庭289トンとなっている。一般家庭を除く食品産業でみると358トンとなり一般家庭よりも多いが、段階別にみていくと一般家庭が他よりも圧倒的に多くなっている。つまり、私たちが日々の生活で出している食品ロスも家庭単位でみると企業よりも少ないが、一般家庭全体としてみた場合はかなりの量を出していることがわかる。

図表8　食品ロスの発生場所と発生量（2015年度推計、単位:トン）

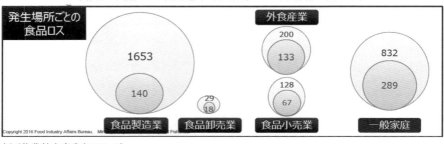

（出所）農林水産省（2018c:6）。

3.消費者としてフードシステムにおける問題をどう考えていくか

　これまでの内容から、食料品の消費について私たちは個人の消費者としてはもちろん、消費者全体としてもフードシステムに対して影響力をもっていることがわかる。では、こうした消費者の行動には何が影響を及ぼしているのだろうか。その1つには、「情報」がある。以下においては、この情報についてみていこう。

食料品の消費に関する情報をみると、知られている情報、知られていない情報などさまざまなものがある。先に述べた食料品に対する「安心」については、消費者がもつ情報が大きな影響を与えている。これに関しては、消費者が食料品に関する情報を過剰に信じてしまうという問題もある。これは、何を意味するのだろうか。以下のAさんのケースで考えてみよう。

> ある日、Aさんが夜にテレビをみていると、番組でBという食品がもつ健康への効果等の特集が放送されていた。たまたま、その効果に興味をもったAさんは翌日、近くのスーパーに行きBを購入することにした。実際に、行ってみるとBは既に売り切れた後だった。また、その後で家に戻り、ニュースをみるとBは全国的に売り切れの状態で、今後も品薄の状態が続くという…。

　ここから何がいえるだろうか。この品切れは、Bという食品に期待した消費者が一斉にBの消費を始めたということによる。これまでにも、バナナやリンゴによるダイエットの番組が放送された後で、これらの食品の消費が一時的に増加したことがあった。これは、特定の食品に対して消費者が過度に期待した結果であるといえるだろう。

　このように、消費者が特定の食品や栄養成分について、病気や健康に与える影響を過大に評価したり、信じたりすることはしばしばある。このようなことは「フードファディズム」といわれる。このタイプには、①健康効果を騙る食品の大流行、②食品・食品成分の「薬効」強調、③食品に対する不安の扇動(高橋,2003: 15—17)があるとされるが、この背景にあるのは、食料品の消費に関わる情報の多さである。これにより、私たちはしばしば適切ではない判断をすることにもなっている。

　こうした中においては、私たちはどうすればよいのであろうか。食料品に関する情報を収集し、適切に判断する能力が必要になるといえるが、実際にこれは困難である。こうした情報に関心をもち、自らの視点で判断することが必要になっていくといえる。そのためには、フードシステムをはじめとして食に対する理解を深めることが必要になるといえる。

4. フードシステムと消費者の関係についてどう学んでいくのか?

　ここでは食に対する理解を深めるため、どのように学んでいくのかについてみていくことにする。この例として、授業やゼミ、日常の食生活、旅行を取り上げる。

(1) 授業やゼミで学ぶ
1) 授業

　2018年度の時点で本学の地域創造学部で履修できる食に関する科目としては、1年次開講の「食文化論」(全学共通科目)、3年次開講の農業経済論とフードシステム論(実践経済学科専門科目)がある。専門科目についてみると、農業経済論が農業の経済的な側面に焦点を当て、フードシステムにおける農業の役割等を考えていくのに対し、フードシステム論はフードシステムの川下の消費者と流通に焦点を当ててみている。

　例えば筆者が担当する講義の1つであるフードシステム論では、消費者とフードシステムの関係について、流通を中心に理解することに重点を置いている。これは、消費者が食生活を送るにあたって日々接しているのは、小売店等の流通を担う機関であるためである。また、食に関する問題を理解する上では、学習者が積極的に考えることが重要である。そのため、授業は講義とともに、グループワークや発表を取り入れながら進めている。

　この形式は2015年度から取り入れ、2016年度からは受講生による発表を取り入れている。毎年、受講者数が異なるため、事前にフードシステムに関する領域を5〜6程度(2018年度の場合は、フードシステム、食料貿易、食品産業①、食品産業②、食料消費)に分け、開講時に受講生に提示して希望する領域を選択させる。その後、希望をもとにグループ編成を行い、毎回の講義中のグループワークを通して発表内容を深めていくことになる。

　その後、第8回の講義でこれまでグループで検討した内容を10分程度で発表する。その際には、他の受講生や教員から質問やコメントが出るが、それをもとに最終発表に向けてグループワークを進めることになる。そして、第14回と第15回の

講義で最終発表を行うことになる。

2) ゼミ

この他に、卒業論文として自ら研究を進めていくという方法もある。筆者が担当するゼミは農業経済やフードシステムに関するものであることから、フードシステムに関連する卒業論文が出てきている。このうち、本稿の内容と関連するものとしては、食育や消費者教育等に関するものがある。その内容を少し紹介しよう。図表9は本学学生を対象に実施したアンケート[2]の結果の一部である。

アンケートの設問に「食において最も重視していること」の項目があった、結果は「美味しさ」が多く全体の49％、次いで「価格」が24％であった。安全性という回答もあるのではないかと考えていたが、安全性に対する回答は0％であった。

もちろん、全学生を対象としたものではないので、この結果をもとに本学の学生全体の特徴とすることは困難である。実際に、この結果になったとき、論文を執筆した学生とともに驚いた。当初の予想では、高くはないが「安全性」に対する回答も少しあるだろうと考えていたからである。

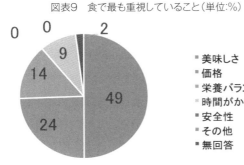

図表9　食で最も重視していること（単位:％）

(出所)松下絵里(2018:13)を一部改編。

(2) 日常生活の中で学ぶ

これまでのように、学校等でのみフードシステムについて学ぶことができるのかといえば、そうではない。日常生活の中で学ぶことも多い。日頃の食料消費の場面を考えてみても、学ぶ機会は非常に多い。

例えば、スーパーでの買い物の場面を挙げてみても、野菜を買う場合に、野菜の価格を見ながら、高くなった安くなったと考えることもあるだろう。また、農産物に

は国産のみならず海外産のものある。これらの農産物が海外からどのような経路でここまで来ているのかを考えるということもある。さらに、地元産の農産物のコーナーがあり、他の野菜のコーナーとはやや雰囲気が違うことにも気づくだろう。

　次に、外食である。飲食店のメニューのカロリー表示を見て、何を食べるか考えることもあるだろう。また、もともと食べようとメニューは決めてきたものの、期間限定メニューや期間限定の値下げにより、メニューを容易に変更することもあるだろう。こうしたことから、外食産業が顧客を獲得するためのさまざまな取組みについて考えることもできるだろう。

　このように、日常生活の中では私たちがあまり意識していないため気づくことは少ないが、意識して考えると学ぶ機会は多いといえる。また、そのための教材も無数にあることもわかる。日常の食生活の中にあるさまざまな仕組みを意識し、それについて考えるだけでも、十分に学んでいるといえるのではないだろうか。

（3）旅から学ぶ

　最後に旅、特に海外に目を向けてみよう。最近では、LCC等の登場により、海外旅行が身近なものとなってきている。そして、その楽しみの1つが「食」である。海外の食を楽しむことは海外旅行の醍醐味であるが、食べるだけではなく、そこで売られているものに着目すると、その国の食に関するさまざま「しくみ」が見えてくることになる。

　ここでは、海外のいくつかの食品を例にみていこう。

　図表10の左側の食品は中国の食品であるがパッケージには漢字とハングルがある。なぜだろうか。これは商品が生産された場所が関係している。この商品は筆者が2018年3月に吉林省延吉市の土産物店で購入したものである。延吉市は中国の朝鮮族自治州の自治州政府の所在地で、街の看板等は中国語と朝鮮語の表記がされている。そのため、商品にもその特徴が現れている。右の食品はロシアの食品であるが、何だろうか。これは牛乳である。日本では、牛乳というと青や白、黒、赤などはみられるが、黄色というのはなかなか見ない（筆者が知らないだけ

図表10　中国の食品（左）とロシアの食品（右）

（出所）筆者撮影。

かもしれないが）。

　次に、図表11である。左側の食品は台湾のファミリーマートで購入したお茶である。台湾も日本同様にコンビニに入るとお茶がかなり売られている。しかし、写真にあるお茶は日本のものとは異なり、ペットボトルの中に直接茶葉が入っている。茶葉が直接入っているのには、どのような意図があるのだろうか。また、右側の食

図表11　台湾の食品（左）と香港の食品（右）

（出所）筆者撮影。

フードシステムにおける食料品の消費問題と消費者　　121

品は香港のセブンイレブンで購入したものである。これは電子レンジを利用して
すぐに食べることができる食品である。

　これらはほんの一例である。その他に国にもさまざまな食品があり、日本と同じ
面や異なる面がいろいろとある。例えば、韓国へ行ったときにスーパーで売られて
いた輸入食品をみていると、表示が多言語で記載されていたことがある。こうした
ことはヨーロッパからの輸入食品に多いが、複数の言語で表記する意図は何で
あろうか。このように、海外を旅する中でも、食について学ぶ機会は多くあるので
ある。

　このように、私たちが日常の食生活を送る中では、さまざまな「しくみ」が隠れて
いる。したがって、フードシステムについて学ぶ場合、授業等で持った疑問を日常
の食生活、あるいは食に関するさまざまな体験の中で、解決もしくはより深めてい
くことが何よりも重要になっていくのである。

5. まとめ

　以上にわたって、フードシステムと消費者についてみてきた。私たちの食生活を
支えるフードシステムは消費者にとって身近なものである。しかし、それゆえにど
のような中身になっているのか、どのような問題があるのかについては分かりづら
い面がある。さらに、それに関する情報というと、先に述べたように無数の情報が
あり、時には判断に迷うこともある。そうした中で、私たちはどのような対応していく
必要があるのだろうか。ここでは、以下の2点について述べることにしたい。

　第1に、食に対する情報判断能力の向上である。これは、先にも述べたように食
に対する情報が氾濫している現状においては、特に重要である。誤った情報に踊
らされないようにするためには日々の生活のなかで情報を収集するといった対
応が必要になっていくだろう。このなかで、食におけるさまざまな違いを理解して
いると、他地域の食や他国の食について拒否感なく適応できるようになると考え
られる。

　第2に、食料消費における消費者の影響力の理解である。これは、食品ロスで

述べたが、消費者の影響力は個々で見ると企業には及ばない。しかし、これが社会全体でみると、その影響力は相当なものとなる。近年、エシカル消費という言葉が登場しているが、食料品の消費を通して消費者が社会に与える影響を理解して、自らの食料消費のスタイルを確立していくことが求められるといえる。

　本稿では、フードシステムに関する問題のうち、一部を取り上げたに過ぎない。その他の問題については、参考文献等をもと補っていただきたい。しかしながら、一番の教材は日々の食生活であり、読者の方々の食料品の消費行動である。ごくごく当たり前に毎日行っている食料の消費を、見方を変えて考えてもらいたい。そのなかから、これまでとは違ったことが見えてくるのではないだろうか。

注

1　本調査は若者の中食利用状況の把握のため、本学の佐世保校の学生113人を対象にアンケート調査を実施したものである。アンケートの実施期間は5月〜6月で、回答者の内訳は男性53人、女性59人、無回答1人であった。

2　本調査は、若者の食生活の実態を把握するために2017年7月14日から10月27日にかけて実施した。対象者は、本学の佐世保校の学生110名にアンケートにより調査を行った。回答者の内訳は男性81名、女性：29名であった。

参考文献

中嶋康博（2016）「食の安全・信頼の構築と経済システム」『食の安全・信頼の構築と経済システム』農林統計出版、pp.1—14.

神山久美・中村年春・細川幸一（2016）『新しい消費者教育　これからの消費生活を考える』慶應義塾大学出版会.

髙橋久仁子（2003）『「食べもの神話」の落とし穴　巷にはびこるフードファディズム』講談社.

髙橋正郎・清水みゆき（2017）『食料経済　第5版』オーム社.

出口紗也香（2019）『中食産業の現状と展望―コンビニエンスストアの戦略について―』平成30年度長崎県立大学卒業論文.

時子山ひろみ（2012）『安全で良質な食生活を手に入れる　フードシステム入門』左右社.

時子山ひろみ・荏開津典生・中嶋康博（2015）『フードシステムの経済学　第5版』医歯薬出版株式会社.

松下絵里（2018）『食の視点から考える若者の消費者教育』平成29年度長崎県立大学卒業論文.

農林水産省（2018a）「平成28年農業・食料関連産業の経済計算（概算）」.

http://www.maff.go.jp/j/tokei/kouhyou/keizai_keisan/attach/pdf/index-2.pdf, 2018年11月23日

最終アクセス.

農林水産省(2018b)『平成29年度　食料・農業・農村白書』.

http://www.maff.go.jp/j/wpaper/w_maff/h29/pdf/zenbun.pdf, 2018年11月26日最終アクセス.

農林水産省(2018c)「食品ロスの削減に向けて〜食べものに、もったないを、もういちど〜」

http://www.maff.go.jp/j/shokusan/recycle/syoku_loss/attach/pdf/161227_4-76.pdf, 2018年11月28日最終アクセス.

フードシステムにおける食料品の消費問題と消費者　　125

長崎県の再生可能エネルギーの現状と可能性

実践経済学科　芳賀　普隆

　2011年、我が国のエネルギー政策転換の契機となる東日本大震災・東京電力福島第一原子力発電所事故が発生した。その後、2014年に閣議決定されたエネルギー基本計画（第四次基本計画）は、我が国の全ての原子力発電所が停止し、化石燃料への海外依存度の増加、エネルギーコストの上昇、CO_2排出量の増大等、我が国のエネルギーを取り巻く環境が厳しい中で、こうした問題に適切に対応しつつ、中長期的に我が国の需給構造に関する脆弱性の解決を図っていくための、エネルギー政策の方向性を示したものである。第四次エネルギー基本計画では、エネルギー政策の基本方針として、これまでの「3E（Energy Security、Economic Efficiency、Environment）」という基本的視点に、安全性の確保「S（Safety）」の重要性、国際的な視点の重要性について加味している。さらに、第四次エネルギー基本計画を踏まえ、2015年7月、経済産業省として、長期エネルギー需給見通し（以下、「エネルギーミックス」）を決定した。安全性、安定供給、経済効率性、環境適合（3E+S）について達成すべき政策目標を想定した上で、施策を講じた時に実現されるであろう将来のエネルギー需給構造の見通しであり、あるべき姿を示すものである。
（経済産業省　資源エネルギー庁,2018a:38）

　さらに、2015年11月30日から12月13日まで、フランス・パリにおいて、国連気候変動枠組条約第21回締約国会議（COP21）が行われ、新たな法的枠組みとなる「パリ協定」を含むCOP決定が採択された。「パリ協定」においては、世界共通

の長期目標として2℃目標のみならず1.5℃への言及や、主要排出国を含むすべての国が削減目標を5年ごとに提出・更新すること、共通かつ柔軟な方法でその実施状況を報告し、レビューを受けること等（環境省HP）の内容を持っていた。「脱炭素化に向けた技術間競争の始まりや技術の変化が増幅する地政学的リスク、国家間・企業の競争の本格化といった情勢変化の下で、長期的に安定した持続的・自立的なエネルギー供給により、我が国経済社会のさらなる発展と国民生活の向上、世界の持続的な発展を目指すために、第五次エネルギー基本計画が2018年7月3日に閣議決定された。それにより、「より高度な3E+S」、つまり、技術・ガバナンス改革による安全の革新、技術自給率向上/選択肢の多様化確保、脱炭素化への挑戦、自国産業競争力の強化を図ることを目指すことになった（経済産業省,2018）。

　本稿では、日本におけるエネルギー全体の動向及び再生可能エネルギーの現状について概観した後、地域において再生可能エネルギーを考え、利用するようになった意義について整理する。さらに、長崎県における再生可能エネルギーの現状と可能性について述べることにする。

1.日本におけるエネルギーの動向

　まず、日本全体のエネルギー供給の特徴について整理すると、以下のようになる。

　第1に、依然として化石燃料が日本全体のエネルギー供給の中心である、ということである。

　この点に関しては、図表1の一次エネルギー国内供給の推移では、1965年度以降のエネルギー動向がグラフ化されているが、経済産業省編(2018)では、この時期の動向に関して、我が国の高度経済成長期をエネルギー供給の面で支えたのが、中東地域などで大量に生産されている石油であった。しかし、第四次中東戦争を契機に1973年に発生した第一次石油ショックによって、原油価格の高騰と石油供給断絶の不安を経験した我が国は、エネルギー供給を安定化させるた

図表1　一次エネルギー国内供給の推移

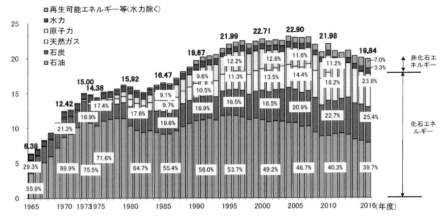

(注1)「総合エネルギー統計」は、1990年度以降、数値について算出方法が変更されている。
(注2)「再生可能エネルギー等(水力除く)」とは、太陽光、風力、バイオマス、地熱などのこと(以下同様)。
出典:資源エネルギー庁「総合エネルギー統計」を基に作成

(出所)経済産業省　資源エネルギー庁(2018a:134)。

め、石油依存度を低減させ、石油に代わるエネルギーとして、原子力、天然ガス、石油などの導入を推進していった(経済産業省,2018a:134)。

また、そのことは、図表2にも示したように、諸外国と比較しても日本における化石燃料依存度が、93.6%(2017年)と高いことからも裏付けられる。

図表2　主要国の化石依存度

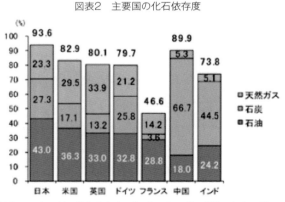

(注)化石エネルギー依存度(%)＝(一次エネルギー供給のうち原油・石油製品、石炭、天然ガスの供給)÷(一次エネルギー供給)×100。
出典:IEA「World Energy Balances 2017 Edition」を基に作成

(出所)経済産業省　資源エネルギー庁(2018a:135)。

第2の特徴として、図表3に示したように、日本国内におけるエネルギー自給率が2016年度で8.3%と低い、ということである。

エネルギー自給率とは、国民生活や経済活

128

図表3　一次エネルギー国内供給構成及び自給率の推移

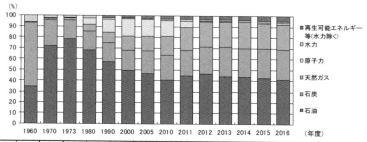

(注1) IEAは原子力を国産エネルギーとしている。　(注2) エネルギー自給率(%)＝国内産出/一次エネルギー供給×100。
出典：1989年度以前はIEA「World Energy Balances 2017 Edition」、1990年度以降は資源エネルギー庁「総合エネルギー統計」を基に作成

(出所)経済産業省　資源エネルギー庁(2018a:136)。

動に必要な一次エネルギーのうち、自国内で確保できる比率のことをいう。エネルギー自給率の動向に関しては、1960年度には主に石炭や水力など国内の天然資源により58.1%であったエネルギー自給率は、それ以降低下した。石炭・石油だけでなく、石油ショック後に普及拡大した天然ガスは、ほぼ全量が海外から輸入されている。2014年度は原子力の発電量がゼロになったこともあり、過去最低の6.4%に低下した。2016年度は再生可能エネルギーの導入や原子力発電所の再稼働が進み、エネルギー自給率は8.3%となった(経済産業省, 2018a: 136)。

一方、再生可能エネルギーに関してはどうであろうか。

前出の図表1で示されているように、2016年度の再生可能エネルギー(水力を除く)による電力供給は2016年度の段階で7.0%にとどまっている。一方で、再生可能エネルギー

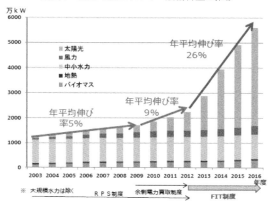

図表4　再生可能エネルギー設備容量の推移

(JPEA出荷統計、NEDOの風力発電設備実績統計、包蔵水力調査、地熱発電の現状と動向、PRS制度・固定価格買取制度認定実績等より資源エネルギー庁作成)

(出所)経済産業省(2018a:87)。

長崎県の再生可能エネルギーの現状と可能性　　129

設備容量の推移に関しては、図表4に示したように、2003年度〜2008年度の年平均伸び率が5%なのに対し、2010年度から2012年度にかけては9%、2013年度から2016年度では、年平均伸び率が26%にも上る。特に、2010年以降、太陽光発電の設備導入が増加し、2012年度以降急増している。

その要因の1つには、2012年7月から導入された固定価格買取制度（Feed in Tariff：FIT）の導入が挙げられる。2000年代も半ばを過ぎると、環境問題への関心の高まりもあり、世界各国の再生可能エネルギー技術開発や導入拡大の取組が加速する。例えば、2016年には水力を除いた再エネの電源構成に占める割合が27.7%に達しているドイツでは、再生可能エネルギー導入拡大の一要因として挙げられているのが、世界にさきがけて1990年より導入をはじめた固定価格買取制度（FIT制度）である。それは、再生可能エネルギー（太陽光、風力、水力、地熱、バイオマス）によって発電された電気を、国が定める一定の期間にわたって、国が定める一定の価格で電気事業者が調達することを義務づけるものである。本制度により、再生可能エネルギー発電設備を設置する者のコスト回収の見通しが立ちやすくなるとともに、普及が進むことで、スケールメリットによるコストダウンが期待される。FIT制度は、ドイツの取り組みをうけて2005年以降世界各国で導入が進み、2010年までに少なくとも60カ国が導入している（経済産業省　資源エネルギー庁, 2018a）。

日本では、2003年に、太陽光以外も含む新エネルギーの利用促進を目的として、「電気事業者による新エネルギー等の利用に関する特別措置法（RPS法）」が制定された。その後、2000年代後半から検討を開始し、2009年には太陽光の余剰電力に限定して導入を開始した（余剰電力買取制度）。そして2012年に「電気事業者による再生可能エネルギー電気の調達に関する特別措置法（FIT法）」に基づいて「FIT制度」が開始された。FIT制度については、2030年度導入水準達成に向けて最大限の導入と国民負担の両立の観点から2016年に改正を行った。こうした制度改正を伴いつつも、制度開始から5年で再生可能エネルギー導入量は2.7倍に拡大し、着実に再エネ導入拡大に寄与している（経済産業省　資源エ

ネルギー庁,2018a)。しかしながら、2016年の発電電力量に占める再生可能エネルギー比率で比較すると、図表5のように、ドイツでは27.7%(水力分を加えると30.6%[1])、スペインでは25.2%(水力10.1%を加えると35.3%)日本は6.9%(水力7.6%を加えても14.5%)にとどまっている。

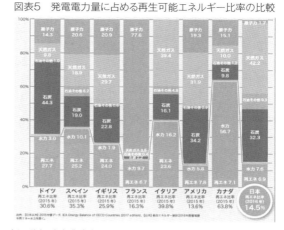

図表5 発電電力量に占める再生可能エネルギー比率の比較

(出所)経済産業省(2017:8)。

以下では、再生可能エネルギーと地域との関係について焦点をあてて論じていくことにする。

2.地域資源としての再生可能エネルギー導入の意義

地域資源に関しては、地方創生、地域再生の文脈から近年、さまざまな分野で議論されるようになってきたが、地域資源自体の定義に関しては明確になっていない。

ここでは、本稿で述べる際の地域資源の位置づけについて整理することにしよう。

地域資源の定義に関しては、「ある地域で対策を実施する際に、取り組みの素材や場、担い手として活用できる、当該地域が有する特性・特徴」のことである(和田編著,2011)。和田らの定義は地球温暖化対策における地域資源として整理しているが、図表6にも示しているように、地域資源の中でも「自然資源」と「社会資源」の2つに分類している(図表6)。「自然資源」とは、地域の気候や地理などに由来するものであり、「社会資源」は、地域の社会経済活動やそれに関係する基盤、人材・組織等に由来するものである(和田編著,2011:63)、と位置づけている。

図表6　地域資源の分類

分類		具体的な資源例	
自然資源		気候面	風(風力)、太陽(太陽光)、雪氷(熱)
		地理面	地形、森林、水、温泉、地熱、海洋、潮流など
社会資源	産業	農業、林業、漁業、副産物(間伐材、廃棄物)	
	社会インフラ	公共交通、中心市街地、商店街、水路、道路、林道、送電線、情報通信技術、ネットワーク、熱導管　など	
	文化・伝統・意識	市民・地域活動、自治体政策の伝統・経験、環境問題克服の経験、合意手法、住民の間で一定共有された地域に関するイメージ・意識	
	人材・組織	人材、組織、人材・組織間の関係・ネットワーク	

(出所)和田編著(2011:63)を加筆修正の上作成。

　それでは、再生可能エネルギーは地域資源の中ではどう位置づけられるのか。そもそも、再生可能エネルギーの特性としては、風力や太陽光、バイオマス、地熱、小水力などの地域の自然エネルギーを地域で開発利用して、地球温暖化対策を行いながらエネルギー自給率を高めるという効果がある。また、基本的に化石燃料を使わず、廃棄物も出さず、関連する二酸化炭素発生量が少ないことから、持続可能なエネルギー源として、省エネルギーと並んで、原子力に代わる手段として注目されている(吉田他,2014)。

　一方、再生可能エネルギーの利用は、広く薄く存在し、気候条件に左右されるといった不利な点もあるが、他の第一次産業(農業、漁業、林業)と同様に、土地に固着し自然のエネルギーを活かす産業であり、地域資源なので地域社会との親和性を結ぶ潜在的可能性は大きい(植田,2013、吉田他,2014)。

　また、再生可能エネルギー発電は、もちろん、電力供給源としても貴重である。デンマークやドイツではすでに再生可能エネルギー発電が、それぞれ発電量で40％、25％に達しており、基幹電源といえるまで拡大してきている。しかしそれは、量的に大きなポテンシャルがあるというだけではない。1つ1つは小規模な発電だが、それらを"つなぐ""貯める""組み合わせる"ならば、大きな発電量を実現することができるだろう。分散ネットワーク型を支える技術をはじめとして、情報・通信・制御技術や電池などの新技術と結合されることで、影響する範囲も大きく広がる。

まさに、グリーン・イノベーションの源になっていくのである（植田,2013:152）。

　再生可能エネルギー資源を活用した発電事業には、それを契機として、新しい地域経済循環をつくりだせるという可能性もあるが、再生可能エネルギー発電がもつ地域との潜在的親和性を顕在化させるためには、地域での社会的合意形成がきわめて重要になる（植田,2013:158-159）。すなわち、再生可能エネルギー発電が事業として成功するためには、他の主体との連携や協働が効果的に行われなくてはならない（植田,2013:163）。

　それでは、地域資源として再生可能エネルギーを捉えた場合、地域において再生可能エネルギーを活用する意義はどこにあるのであろうか。高橋洋は、分散型エネルギーが有する地域との親和性を積極的に活用する上で、地域に根差した主体に期待される役割は大きいとして、以下のように整理している。第1に、ご当地電力（コミュニティパワー）といった形で、地元企業や市民グループがエネルギー事業の主体になれる。第2に、地域主体によるエネルギー事業の効果は、地域全体に波及する。ご当地電力の担い手は地域に根差した人材が想定され、その事業資金は市民ファンドや地域金融機関からの融資によって賄われることが多い。第3に、需要面での地域の役割[2]、第4に地域に貢献するからこそ、支援者や束ね役として地方自治体の役割が期待される（大島・高橋編,2016:28）。

　日本の場合、エネルギー政策はながらく国策としてすすめられてきた。そのため、地域社会や地方自治体がエネルギー政策に関与する余地はきわめて小さかった。しかも日本のエネルギー政策は、エネルギー需要が増加することを前提にして、それに対応する供給量をいかに確保するかという供給力確保に重点を置いていた。そのため、地域にとってのエネルギー問題とは、国と電力会社などが決めたエネルギー施設の立地計画を受け入れるか否かという問題になりがちであった。国策民営といわれる原子力発電所の立地問題はその典型的な例である（植田,2013:151）。

　このように、再生可能エネルギーの導入は、再生可能エネルギー発電や省エネルギーがエネルギー政策上重視されるようになると、あらためて自治体がエ

ネルギー政策に関与しなければ政策が進展しないという局面に来ている(植田, 2013:164)ことに加え、地方小都市や農村部を中心に「地方消滅」と呼ばれるような深刻な人口減少が生じている中、再生可能エネルギーの導入は、新しいタイプの地域産業の1つとなって、これまで公共事業や誘致工場に依存的だった地域経済を、地域内循環型で自律的な形に再生していく一助になるのではと期待されている(諸富編著,2015)。

3.長崎県における再生可能エネルギーの現状[3]

本節では、長崎県全体からみた再生可能エネルギーについて述べることにする。

図表7は、長崎県の再生可能エネルギー導入状況の推移を示したものである。

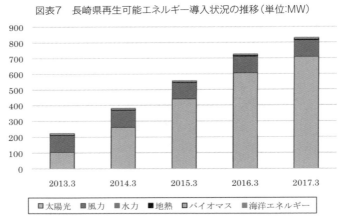

図表7　長崎県再生可能エネルギー導入状況の推移(単位:MW)

(出所)長崎県産業労働部新産業創造課提供資料より作成。

2013年3月時点では、太陽光は105MW、風力発電(陸上)は106MWであり、それぞれ長崎県の再生可能エネルギー全体の46.88%、47.32%を占める。それに対して、2017年3月時点では、太陽光は708MWと6.74倍、風力(陸上)は109MWと1.03倍、それぞれ再生可能エネルギー全体の85.30%、13.13%を占め、太陽光発電の導入が急速に進んでいった。一方、バイオマスは2013年3月時点では11MW、2017年3月時点でも10MW、地熱に関しては0.1MWにとどまっている。

長崎県では、2013年12月に、今後環境に配慮しながら、地域特性に応じ、再生可能エネルギーの種別ごとに導入促進の方向性を示し、市町や地元企業等と方向性を共有しながら、地域力を結集することで、再生可能エネルギーの導入につなげていくことを目的として取りまとめた「長崎県再生可能エネルギー導入促進ビジョン」を策定した。その本ビジョンの中で、2030年度時点での導入量について、目標値を設定している。それによれば、太陽光が931MW、風力(陸上)が173MWと2017年3月時点の現状値よりもそれぞれ1.31倍、1.59倍増やす想定である。一方で、導入が非常に少なかった中小水力、地熱ともに1.3MW、バイオマスを17.4MW、洋上風力や潮流発電などの海洋エネルギーを236MWとしている(長崎県産業労働部グリーンニューディール推進室,2013)ことからも分かるように、未利用の再生可能エネルギーの導入拡大をどのように図るかが課題といえよう。

4. 長崎県における再生可能エネルギーの導入・活用事例

　ここでは、現在、長崎県で展開されている再生可能エネルギーの導入及び活用に関するいくつかの取り組みを紹介したい。

(1)太陽光発電[4]

　長崎県の太陽光発電に関しては、大村メガソーラー第1～4発電所(設備容量:20,351kW)が2013年3月以降順次操業を開始し、次いで、佐世保メガソーラー発電所(設備容量:10,711kW)が2014年3月以降操業している。大村メガソーラー発電所は九州電力の大村発電所、佐世保メガ

図表8　大村メガソーラー発電所

(出所)九電みらいエナジーHPより転載。

長崎県の再生可能エネルギーの現状と可能性　　135

ソーラーは長崎県佐世保市にあった旧相浦発電所と、いずれも九州電力の発電所跡地を活用したメガソーラー開発を行っている。大村メガソーラー発電所は、現時点で約9,000世帯、佐世保メガソーラー発電所は約4,500世帯に相当する電力を供給することができる、という。

　大村、佐世保両メガソーラー発電所を運営している九電みらいエナジーは九州電力の100％子会社である。九州電力にもともと再生可能エネルギー事業の部門はあったものの、2009年12月に、地球環境問題や再生可能エネルギーの普及拡大に貢献していくために太陽光発電事業に進出し、太陽光オンサイト発電事業を行う株式会社キューデン・エコソルを設立した。さらに2012年7月に固定価格買取制度（FIT）の開始を受け、自社電源の開発を始めた。その後、2013年3月に最初の自社発電事業である大村メガソーラー第1発電所が運転を開始した。そして、株式会社キューデン・エコソル、九州電力株式会社の再生可能エネルギー開発部門、西日本環境エネルギー株式会社の再生可能エネルギー事業が集約して、「九電みらいエナジー株式会社」が2014年7月に設立された。この「九電みらいエナジー株式会社」は、再生可能エネルギーの5電源（太陽光・水力・風力・地熱・バイオマス）の発電事業を国内外に展開していることに加え、関東地区において小売電気事業を展開している。

（2）風力発電

　長崎県における風力発電設備・導入実績に関しては、国立研究開発法人新エネルギー・産業技術総合開発機構（NEDO）によれば、風車の総基数が78基（総出力109,860kW）、そのうち離島が47基（総出力74,180kW）離島以外が31基（総出力35,680kW）である。つまり、長崎県の風力発電は、離島における割合が約6割を占めることが特徴として挙げられる[5]。

五島市の事例

　環境省では、日本初となる浮体式洋上風力発電の実現と検証に向けて、2010

(平成22)年度から、浮体式洋上風力発電実証事業を開始した。環境影響評価方法書、危機管理マニュアルの作成などソフト面に加えて、2012(平成24)年6月には長崎県五島市椛島の約1kmの沖合に、100kW風車を搭載する小規模試験機を設置し、国内で初めて一般家庭向けの送電に成功した。同年9月には戦後最大級

図表9　浮体式洋上風力発電（長崎県五島市）

(出所)(写真)撮影：芳賀普隆。

となる台風16号が五島列島付近を通過し、世界で初めて台風の直撃に耐えた浮体式洋上風力発電施設となった。そして、2013(平成25)年10月には日本初となる、2,000kW風車を搭載した実証機の設置が完了した。(佐藤,2017)。

　さらに、五島市と「五島フローティングウィンドパワー合同会社」(五島市)は、市が発電機を環境省から譲り受け、国内初となる浮体式洋上風力発電の運用を始めた。発電機は高さ172m、羽の直径80m。海底に固定せず浮いた状態で設置され、最大2,000kWを発電できるが、送電網の制限があり実証事業では約600kWしか発電できなかった。このため市などは最大出力で運用するため、椛島沖から同市の人口が集中する福江島沖に移した。発電機は同島崎山地区から約5km沖に設置し、崎山地区の受変電施設と海底ケーブルでつなぎ、2016年3月26日から運用を開始した[6]。

(3)バイオマス発電
三基(株)の事例[7]

　バイオマスは、生物資源(バイオ)の量(マス)を表しており、動植物から生まれた再利用可能な資源を意味する。バイオマスには木質、廃棄物、下水汚泥、蓄糞、食品残渣など多くの種類がある。またエネルギーとしては、電気、熱、燃料という形態で

利用できる。燃やす場合も、そのまま燃やす場合、ペレット、ガス、液体など利用しやすい燃料に形を代えた上で燃やすなどのバリエーションがある(山家,2013: 238)。

バイオマスが近年注目され、地球温暖化防止、循環型社会の形成といった観点からバイオマス燃料の利用が活発になっている中で、独自の燃焼技術をもとに木質バイオマスボイラを開発したのが(株)三基である。木質バイオマスボイラは、以下の特徴がある。第1に、間伐材等のチップ、ペレットの有効活用を行うなど、使用燃料が多様であるということである。第2に、カーボンニュートラルと定義されている木質バイオマス燃料使用により、CO_2の排出を抑制するといった大気汚染物質の低減を可能にしている、ということである。第3に、燃焼の連続自動投入装置の標準装備をし、連続運転を行う、ということである。第4に、給湯、暖房、プール、温泉施設など様々な用途で用いることが可能であるということである。

(株)三基は、木チップを利用した温水ボイラ(乾燥燃料時の定格出力50万kcal/h)を、長崎県西海市西彼保健福祉センター　遊湯館に2014年11月に設置した。施設内への浴槽(浴槽容量40t)、給湯を目的にバイオバスボイラを導入した。導入前に使用していた化石燃料(灯油)の使用量を削減し、温室効果ガス(CO_2の排出)を抑制すると同時に、燃料費の大幅削減を可能にしたといわれている。また、このバイオマスボイラは、生木、椎茸収穫後、廃棄物となった菌床等、含水率の高い燃料でも燃焼が可能である。

図表10　バイオマスボイラが導入されている遊湯館(長崎県西海市)

(出所)(写真)撮影：芳賀普隆。

(4) 温泉バイナリー発電[8]
小浜温泉バイナリー発電所の事例

　小浜温泉はマグマ溜まりに1番近い場所に位置しており、高温で豊富な湯量を誇っている。27ヵ所ある源泉からは、泉温約100℃ほどの温泉が1日に約15,000t（625t/時）湧き出ている、日本でも有数の温泉資源に恵まれた地域である。しかし、その豊富な温泉熱は、約70％が使われずに海に排出されていた上に、使途のほとんどが浴用であるため、湯の温度を下げるのに苦労しているのが現状である。また、温泉の通るところには「湯の花（スケール）」という温泉の成分が固まったものが付着するので、発電機に温泉を直接通さなくてもよいように、熱交換機で温泉の熱から真水の熱水を作り、それを発電機に通すようになっている。

　小浜温泉バイナリー発電所では、温泉水の熱エネルギーを利用し、沸点の低い媒体を蒸発させて発電を行う、温泉バイナリー発電という手法を採用することで、これまで未利用だった100℃前後の温度域からのエネルギー回収および有効利用による再生可能エネルギーから発電することによる"創エネ"での地域貢献が期待されている。

図表11　小浜温泉バイナリー発電所（長崎県雲仙市小浜町）

（出所）（写真）撮影：芳賀普隆。

　小浜温泉バイナリー発電所は、2011年9月に環境省温泉発電実証事業開始後、実証実験の場として2013年4月に設置され、実証事業後、2014年6月にシン・エナジー株式会社（旧洸陽電機）が発電所を買い取り、2015年9月に事業化を果たした。

5.まとめにかえて
—今後の長崎県の再生可能エネルギーの課題、動向と可能性—

　本稿では、地域において再生可能エネルギーを考え、利用するようになった意義について整理するとともに、長崎県における再生可能エネルギーの現状についていくつかの事例を交えながら紹介した。

　これまでの議論を要約すると、地域資源として再生可能エネルギーを捉えることは、再生可能エネルギーがCO_2排出の少ない持続可能なエネルギー源としてだけでなく、地域にあるものを最大限利用し、地域固有性や地域特性を活かすとともに、地域社会を構成する多様な主体が地域のエネルギー事業を支え、貢献する意義がある。また、再生可能エネルギーの事業化に際して、他の主体の連携や協働に加え、地方自治体の役割が期待される。

　しかしながら、地域における再生可能エネルギー導入にはいくつかの課題がある。第1に、現実には、企業による再生可能エネルギーの開発に対して、地域の再生可能エネルギー事業として地方自治体が企業と連携・協働体制をとる方向には必ずしも向いていないのではないか、ということである。そのことは、2節の図表6で前述したように、自然資源や間伐材のような副産物に加え、自治体政策の経験や知識、知恵、ネットワークといった社会資源も活かすことで、再生可能エネルギーが地域資源としての価値を高めていくことにつながっていくのではないか。

　また、そのこととの関連で、第2に、再生可能エネルギーの立地を巡る地域住民と設置企業の衝突や、再生可能エネルギー設置過程や設置後に生じる諸問題(バードストライク[9]や低周波、騒音等)に対して、地域社会に携わる各主体(地方自治体、企業、住民など)がどう向き合い、社会合意形成を図っていくのか、という論点を提起する。

　第3に、1節でも一部述べたが2009年に開始された余剰電力買取制度は、太陽光発電で作られた電力のうち、余剰電力が買取対象となる制度である。10年間の買取期間が設定されており、2019年以降順次、買取期間の満了をむかえることになる中で、需要家が新たな対応を迫られることになる。

　第4に、今後の固定価格買取制度における価格の動向や制度維持の有無も、

再生可能エネルギー事業者の新規参入やソーラーパネル等の設備更新、撤収の判断に少なからず影響を及ぼすことになろう。

　一方で、長崎県の再生可能エネルギーの今後の可能性はどうであろうか。長崎県総合計画「チャレンジ2020」では、「人、産業、地域が輝くたくましい長崎県づくり」を基本理念とし、「交流でにぎわう長崎県」、「地域のみんなが支えあう長崎県」、「次世代を担う『人材』豊かな長崎県」、「力強い産業を創造する長崎県」及び「安心快適な暮らし広がる長崎県」と実現を目指す5つの将来像を掲げており、それを具現化する10の基本戦略と6の政策横断プロジェクトに取り組むこととしている（長崎県, 2018: 6-7、18-19）。

　また、本計画には、本県の強みの1つとして、(3)豊かな海洋資源を挙げている。特に、洋上風力発電・潮流発電等の海洋再生可能エネルギーによる発電ファームの導入・商用化を目指し、実証実験から実用化を研究・検証する実証フィールドとして本県の3海域が選定されている。そのことから、政策展開の視点としては、「豊かな海洋資源を活用した産業振興」「海洋エネルギー関連産業の拠点形成」「本県観光の魅力の磨き上げと戦略的な発信」を挙げている（長崎県, 2018:14）。

　再生可能エネルギー関連では、基本戦略のうち戦略7「たくましい経済と良質な雇用を創出する」、及び政策横断プロジェクト「ナガサキ・グリーンイノベーション戦略～技術革新」により「産業振興・雇用創出」と「社会の低炭素化・グリーン化」を加速化～」で主な取組等を掲げている（長崎県,2018:86-87、152-153）。

　このように、長崎県における再生可能エネルギーは、長崎県が元来持つ豊かな地域資源のもとで、産業振興や新たな産業創造につながる重要な産業になれるポテンシャルを十分有することを認識した上で、地域の基盤産業として発展し、地域の活性化を図っていくための知恵とノウハウを集約し、「再生可能エネルギー先進県」として一層前進していく必要があると考える。

謝辞

　本稿は、2018(平成30)年度　長崎県立大学　学長裁量教育研究費「長崎県の再生可能エネルギー普及・活用に伴う地域活性化に関する研究」の成果の一部である。なお、本稿の執筆に際し、長崎県産業労働部新産業創造課、九電みらいエナジー株式会社、株式会社　三基の方にはインタビュー調査で訪問した際に丁寧にご対応いただくとともに、資料をご提供していただきました。ここに記して謝意を表します。

注

1　図表5では、ドイツにおける再エネ27.7%と水力の3.0%を合計すると30.7%となり、図表中の合計値30.6%と異なっているが、図表中の表記に合わせて30.6%と記述した。なお、経済産業省資源エネルギー庁(2018b)によれば、2018年1月時点で、ドイツにおける2016年の再エネ比率は31.6%となっている。

2　例えば、高橋は地域が主体的に再エネと省エネを受け入れ、ITを活用してエネルギー需給を最適化する取り組みであるスマートコミュニティや、家畜のふん尿でバイオガス発電を行うだけでなく、その排熱を牛舎の暖房に使う(コジェネ)ことにより、畜産農家の熱需要が大きく変わることを指摘している(大島・高橋編, 2016: 28)。

3　2018年10月3日に行った長崎県産業労働部新産業創造課へのヒアリング調査及び同課からの提供資料に基づいて記述した。

4　太陽光発電に関しては、九電みらいエナジー提供資料及び2018年12月27日に行ったヒアリング調査、及び九州電力(2013a)、九州電力(2013b)により執筆した。

5　国立研究開発法人　新エネルギー・産業技術総合開発機構(NEDO)「日本における風力発電整備・導入実績」(長崎県)(2018年3月末現在)に基づいて試算した。

6　西日本新聞2016年4月16日(土)佐世保版、27面より。

7　木質バイオマスを用いた温水ボイラのケースに関しては、2018年10月15日に株式会社　三基に対して行ったヒアリング調査及び、株式会社三基　提供資料に基づいて記述している。

8　温泉バイナリー発電に関しては、一般社団法人　小浜温泉エネルギー提供資料、シン・エナジー株式会社提供資料、及び2018年12月10日にシン・エナジー株式会社に対して行ったヒアリング調査に基づいて記述している。

9　バードストライクとは、その言葉通り、狭義には航空機(主にエンジン)に鳥類が衝突することをさす。広義には、自動車、ビルディング、送電線、風力発電などの人工構造物にコウモリ類を含む飛翔動物が衝突することをいう。バードストライク問題は、鳥が風車に衝突、風車ブレードにより殺傷されてしまう問題で、その状況の痛ましさもあって、人々、とくに鳥愛護団体などの関心、指摘課題になっている(丸山他編著、2015:98及び118)。

参考文献

植田和弘(2013)『緑のエネルギー原論』岩波書店.

植田和弘監修　大島堅一・高橋洋編著(2016)『地域分散型エネルギーシステム』日本評論社.

環境省「国連気候変動枠組条約第21回締約国会議(COP21)及び京都議定書第11回締約国会合
　　(COP/MOP11)の結果について」〈URL〉http://www.env.go.jp/earth/cop/cop21/
　　(最終閲覧日2019年1月4日).

九州電力株式会社(2013a)「長崎県佐世保市におけるメガソーラー発電事業の実施について」(九
　　州電力プレスリリース)、2013年2月28日.

〈URL〉http://www.kyuden.co.jp/library/pdf/press/2013/h130228b-2.pdf(最終閲覧日：2019年1月
　　3日).

九州電力株式会社(2013b)「長崎県佐世保市におけるメガソーラー発電事業の概要」(九州電力プ
　　レスリリース)、2013年2月28日.

〈URL〉http://www.kyuden.co.jp/library/pdf/press/2013/h130228b-3.pdf(最終閲覧日：2019年1月
　　3日).

経済産業省(2018)「第5次エネルギー基本計画」〔2018年7月3日閣議決定〕.

〈URL〉http://www.meti.go.jp/press/2018/07/20180703001/20180703001-1.pdf

(最終閲覧日：2018年1月3日).

経済産業省　資源エネルギー庁(2017)「日本のエネルギー(2017年度版)」2017年12月発行.

〈URL〉http://www.enecho.meti.go.jp/about/pamphlet/pdf/energy_in_japan2017.pdf

(最終閲覧日：2019年1月3日).

経済産業省　資源エネルギー庁(2018a)「平成29年度エネルギーに関する年次報告」(エネルギー
　　白書2018)〔2018年6月8日閣議決定〕.

〈URL〉http://www.enecho.meti.go.jp/about/whitepaper/2018pdf/(最終閲覧日：2019年1月3日)

経済産業省　資源エネルギー庁(2018b)「再生可能エネルギー大量導入・次世代電力ネットワーク
　　小委員会」第7回資料(2018年8月29日).

〈URL〉http://www.meti.go.jp/shingikai/enecho/denryoku_gas/saisei_kano/pdf/007_01_00.pdf

(最終閲覧日：2019年1月3日).

国立研究開発法人　新エネルギー・産業技術総合開発機構(NEDO)「日本における風力発電整
　　備・導入実績」(長崎県)(2018年3月末現在).

〈URL〉http://www.nedo.go.jp/library/fuuryoku/case/pdf/pref_42.pdf(最終閲覧日：2019年1月3
　　日).

佐藤郁(2017)「五島育ちの浮体式洋上風力発電と長崎県の未来」『ながさき経済』No.336、2017年
　　10月、pp.1-11.

長崎県企画振興部政策企画課(2016)『長崎県総合計画　チャレンジ2020』長崎県企画振興部政
　　策企画課、2016年3月.

長崎県産業労働部グリーンニューディール推進室(2013)「長崎県再生可能エネルギー導入促進ビ
　　ジョン〜地域資源・地域特性を生かした再生可能エネルギーの導入を目指して〜」2013年12月.

西日本新聞「福江島沖で実用化推進　洋上風力発電が始動」2016年4月16日（土）朝刊、佐世保版、27面.

丸山康司/西城戸誠/本巣芽美〔編著〕(2015)『再生可能エネルギーのリスクとガバナンス─社会を持続していくための実践─』ミネルヴァ書房.

諸富徹編著(2015)『再生可能エネルギーと地域再生』日本評論社.

山家公雄(2013)『再生可能エネルギーの真実』エネルギーフォーラム.

吉田文和・荒井眞一・佐野郁夫［編著］(2014)『持続可能な未来のためにⅡ─北海道から再生可能エネルギーの明日を考える』北海道大学出版会.

和田武、新川達郎、田浦健朗、平岡俊一、豊田陽介、伊与田昌慶、（協力）気候ネットワーク(2011)『地域資源を活かす温暖化対策　自立化する地域を目指して』学芸出版社.

第IV部
学生の視点で取り組む地域創造

「ゼミナール」という授業
―地域公共人材の育成を目指して―

公共政策学科　黒木　誉之

　2018年12月25日、文部科学省が「平成30年度（2018年度）学校基本調査（確定値）」を公表した。調査結果によれば、大学（学部）への進学率は53.3％で過去最高であり、現役の学生に限っても49.7％で過去最高である[1]。大学の在学者数も290万9千人で、前年度より1万8千人増加となっている[2]。このような現象は大学の「大衆化」ともいわれ、後述のアクティブ・ラーニングが1980年代から1990年代にかけてアメリカの高等教育改革の中で普及していった背景として指摘されている[3]。また、大学進学率がこれだけ伸びたということは、「大卒」というだけでは社会的評価は得られなくなり、学生一人ひとりが「何を学び」「何を身につけたか」が問われる時代に来ているといえよう。

　そこで本章では、第1に、大学で「学ぶ」ということについて再考する。第2に、社会人になるための準備期間（機関）としての大学で学生が修得すべき「社会人基礎力」等について整理する。第3に、大学特有の授業、「ゼミナール」について、アクティブ・ラーニングとPBLの視点から黒木ゼミナール（以下、「黒木ゼミ」）の活動を通し概観する。第4に、学問という視点からも社会人基礎力という視点からも重視されるべき「フィールドワーク」の取り組みについて紹介する。第5に、学生生活の集大成となる「卒業論文」について、学生に求められる到達目標を確認する。第6に、これからの地域社会で求められる「地域公共人材」について考察する。そして第7に"One for all, All for one"の精神を探求するとともに、学生たちにエールを贈り

たいと思う。

1.大学で「学ぶ」ということ　―「学問」という知的空間―

　果たして、大学で「学ぶ」ということはどういうことであろうか。高校までの「学び」との違いは何であろうか。

　その解は、「学問」という言葉の中にある。高校までの「学び」をふり返ったとき、それは大学進学や就職等を想定した受験勉強を基本にしていることがほとんどではないだろうか。「学問」とは、自ら問い学ぶことである。この視点から「学び」を再考すると、高校までの「学び」には答えが用意されており、さらには問うことすら用意されている。それは、自発的・内発的な問いを端緒とした学びではなく、「学問」とはいえないのではないだろうか[4]。一方、大学の「学び」は、与えられた問題を解き用意された答えに辿り着くことを目標とするのではなく、自ら課題を見つけその解を探求する姿勢が求められる。そこには基本的に正解は用意されていない。大学は、自ら問い学ぶという「学問」をする場であり、「自分の内部から発する内発的な問いと答え、それを友人どうしで議論」[5]する「知的空間」[6]なのである。しかし、物事に対して関心を持ち、疑問を抱き、その解を自ら探求していくには、その関心事に対する基本的な知識だけでなく周辺領域の知識も必要となる。さらに物事の本質を見極めようとするのであれば、多様な視点からの分析が求められる。それには基本的な知識が不可欠であり、高校までの「学び」を前提としていることはいうまでもない。

　このように、大学と高校までの「学び」には、違いもあるが連続性も前提としている。さらに、2018年3月、「新高等学校学習指導要領」が公示され「主体的・対話的で深い学び（アクティブ・ラーニング）」の導入等が図られることとなった[7]。これにより、特に高校の「学び」は「学問」に近づくこととなり、大学と今後の高校の「学び」には連続性だけでなく近接性も見出すことができよう。

　ここで、長崎県立大学地域創造学部公共政策学科の「教育目標」を確認しておきたい。公共政策学科のそれは、「公共という視点に立って、政策の企画・立案

及び評価に関する知識・知見と実践力を身に付け、幅広い視野で地域の政策課題を解決できる人材を育成」[8]することにある。地域の政策課題に対して用意された正解はない。教員のサポートのもと、学生が主体的に地域のそれに対する解を探求するという「学問」を実践する場が、本学の公共政策学科なのである。

2. 社会人になるための準備期間（機関）
―求められる社会人基礎力―

先の「平成30年度（2018年度）学校基本調査（確定値）」によれば、大学（学部）の卒業者に占める就業者の割合は、77.1％であり8年連続で上昇している[9]。このように、大学という場は、「学問」をする場であると同時に、社会人になるための準備期間（機関）でもある。

このため、現在の大学において学生は、「社会人基礎力」も修得することが求められている。社会人基礎力に関する研究会（以下、「研究会」）によれば、社会人基礎力とは、「職場や地域社会の中で多様な人々とともに仕事を行っていく上で必要な基礎的な能力」[10]をいう。具体的には、「前に踏み出す力（アクション）」「考え抜く力（シンキング）」「チームで働く力（チームワーク）」の3つの能力と、その能力を構成する「主体性」「課題発見力」「発信力」といった12の能力要素から構成されている（「図表1：社会人基礎力の3つの能力と12の能力要素」参照）[11]。また、「社会人基礎力」とともに、従来から求められてきた能力に「基礎学力」「専門知識」「人間性、基本的な生活習慣」があり、それらの関係性について整理されたのが、「図表2：社会人基礎力とその他能力の関係図」である。

ここで、大学での講義を確認してみると、大講義室で数百人の学生を集め教員が一方向的に話をする講義がある。それとは別に、少人数の学生を対象にした「ゼミナール」という授業がある。具体的な内容は指導教員によって異なるが、一般的には、教員の指導の下に少数の学生が集まり特定の分野についての文献輪読や発表、ディスカッション等を行うものである。

そこで、求められる能力の教育段階を確認すると、「基礎学力」が小中学校段

図表1　社会人基礎力の3つの能力と12の能力要素

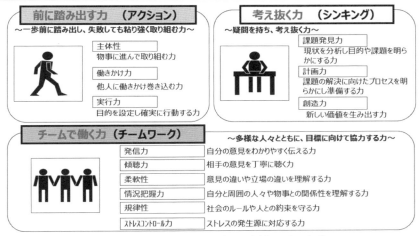

(出所)経済産業省「人生100年時代の社会人基礎力」(説明資料)、2頁より転載。

階、「専門知識」が高等教育段階と位置づけられている。大学においては、大講義室での講義が「専門知識」の修得であれば、ゼミナールは後述するように「専門知識」に加え「社会人基礎力」等も修得する場といえる。なお、研究会は、「『人間性、基本的な生活習慣』(思いやり、公共心、倫理観、基本的なマナー、身の回りのことを自分でしっかりとやる等)をきちんと身につけていることがあらゆる活動を支える基盤となることは間違いない」[12]と指摘する。しかし併せて、その育成を担ってきた家庭や地域社会の教育力の低下も指摘している[13]。そこで、「基礎学力」「専門知識」「社会人基礎力」そして「人間性、基本的な生活習慣」は重なり合う部分もあり、相互に作用し合いながら、様々な体験等を通じて循環(スパイラル)的に成長することが期待されている[14]。

　以上、「社会人基礎力」と、その他の修得すべき能力について若干の整理を試みた。これにより、大学は、「学問」をする場であり、「専門知識」と「社会人基礎力」等を修得する場でもあることが理解できたと思う。そこで、3においては、大学特有

「ゼミナール」という授業　―地域公共人材の育成を目指して―　　149

の授業、「ゼミナール」について、アクティブ・ラーニングとPBLの視点から現在の黒木ゼミの活動を通し概観してみたい。

図表2　社会人基礎力とその他能力の関係図

出所：経済産業省「社会人基礎力に関する研究会－『中間取りまとめ』－（平成18年1月20日）」、2006年、4頁より転載。

3.「ゼミナール」という授業　－アクティブ・ラーニングとPBL－

　本学公共政策学科においては、2年次の「基礎演習」、3年次の「専門演習」、4年次の「卒業論文」と段階的にシフトしていく。黒木ゼミの「専門演習」以降は、学生がそれぞれのテーマで卒業論文作成へと入っていくことから、ここでは「基礎演習」を中心に紹介していきたい。

　基礎演習においては、第1に、卒業論文作成、地域課題に対する政策提案に不可欠な「専門知識」の修得を目的に、専門書の輪読、発表、ディスカッション等を中心に行う。また、現在の大学には多様な学生が在学していることから、将来の卒業論文に係る調査研究の基本スタイル、型の修得にも配慮している。ここで活用しているのが「学習シート」である（「図表3：学習シート」参照）。レジュメを作成す

る発表者を除く全ての学生が事前学習として作成する。これにより「文章理解力」「要約力」「調査能力」「批判的考察力」等を高めていく。また、この事前学習により授業当日のディスカッションを活性化させ、主体的・対話的で深い学びであるアクティブ・ラーニングの実現を目指している。

第2に、「社会人基礎力」修得のため、「佐世保市総合計画」を教材にグループワークを行う。グループで取り組みたい課題を決め、それに関する先行研究をレビューし研究目的(対象)を絞り込み、仮説設定を経て、先進事例地等の現地訪問調査、フィールドワーク等を実施する。そして、その調査結果を分析したうえで政策提案(発表)を行っている。いわゆるPBL(Problem / Project Based Learning：課題解決型学習法)の取り組みである。このPBL一連の過程は学生が主体的に取り組むものであり、これにより学生の「社会人基礎力」修得につなげている。最後の発表時には「相互評価シート」を活用し、学生同士で採点しコメントを記す(「図表4：相互評価シート」及び「図表5：相互評価得点分布図」参照)。その結果を筆者が取りまとめ、誰のコメントか分からないようにシャッフルし発表グループにフィードバックしている。シートを活用することで、議論に慣れていない学生も自分の意見を主張する経験を積ませることが可能となる。また、学生が採点者という立場を経験し互いにコメントし合うことで、調査研究や発表方法の留意点を学び、自分の強みと弱み、そして様々な視点への気づきにつなげている。

では、果たして学生はどのように学んでいるのであろうか。学生レポートを紹介したい[15]。

愛林館での研修

福田農場でのパエリア作り体験

(出所)筆者撮影(撮影日：写真左・2018年9月5日、写真右：2018年9月6日)。

図表3　学習シート

黒木ゼミ（基礎演習）・学習シート

作成日：平成　　　年　　　月　　　日

学籍番号：　　　　　　　　　氏　名：

1　テキスト　第○章の概要
2　分からない用語等の調査（自分で調べたこと）
3　自分の意見（自分で調べた事例、賛成できる点、自分の意見との相違点や批判、残された課題など）

※各自提出前にコピーをとっておくこと。

※次回の講義開始時に提出すること。

※相互学習の一環として他のメンバーに配布する。

（出所）筆者作成。

図表4　相互評価シート

黒木ゼミ（基礎演習）・相互評価シート（記載例）

【発表グループ：○】　　　　　　　　　　評価年月日：

	審査項目	配点	得点平均	全体平均	コメント（良かった点、悪かった点など）
A	社会的背景と地域の現状を理解した問題意識となっているか。先行研究をレビューし研究目的（対象）が絞り込まれ明確になっているか。	20.0	18.0	16.0	・○○○○○○○。 ・○○○○○○○○○○○。
B	関係する制度や概念を分かりやすく整理できているか。仮説等を設定した上で調査項目が作成されているか。対象地及び先進事例地の選考は適切か。	20.0	17.0	15.0	・○○○○○○○。 ・○○○○○○○○○○○。 ・○○○○○○○○○○。
C	対象地及び先進事例地の現地訪問調査を実施しているか。調査結果を取りまとめ一定の視座から分析及び比較検討がなされているか。	20.0	16.5	15.0	・○○○○○○○。 ・○○○○○○○○○○○。 ・○○○○○○○○○○。 ・○○○○○○○○○○。
D	政策提案は研究目的に沿っており、調査結果等から論理的に導き出されているか。論理性のほか、表現力、独自性、貢献性はどうか。	20.0	15.0	16.0	・○○○○○○○。 ・○○○○○○○○○○○。
E	発表資料及び発表は分かりやすかったか。発表及び質疑応答を通し、用語、制度等も含め発表内容を全員が理解しているか。	20.0	14.0	17.0	・○○○○○○○。 ・○○○○○○○○○○○。 ・○○○○○○○○○○。
	（合計）	80.5	79.0		

（出所）筆者作成。

図表5　相互評価得点分布図

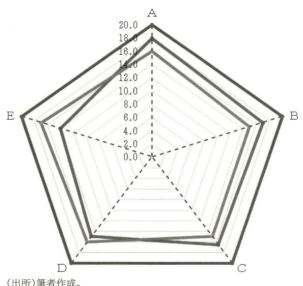

(出所)筆者作成。

【学生レポート①】

黒木ゼミナールから学んだこと
－「学習シート」「相互評価」及び「グループワーク」等を通して－

公共政策学科3年・黒木ゼミナール　中倉　秀策

はじめに

　黒木ゼミナールの特徴は、少人数のゼミ生によるディスカッションというだけでなく、「学習シート」「相互評価シート」の活用や実際の自治体の総合計画を活用した「グループワーク」にある。
　そこで今回のレポートでは、このようなゼミ活動を通して得た気づきや学びについて述べてみたい。

1 「学習シート」活用による気づきや学びについて

　基礎演習の「学習シート」は、テキストを章ごとに読んで内容を要約するだけでなく、自分の意見も記載するというものであった。その意見には可能な限り批判も書くことが求められていた。そこで私は、テキストを読む際に、筆者の意見を理解するだけでなく、批判的に読むことも心掛けるようにした。この基礎演習の「学習シート」を作成した経験がきっかけで、できるだけ違った視点で考えてみるようになり、自分で考えることの大切さに気づかされたように思う。

　専門演習でも卒業論文作成用に「学習シート」が用意され、私たちはそれに従って研究に取り組んでいる。しかし何より、基礎演習の気づきと学びがあったからこそ、先行研究論文も自然に批判的に読めるようになり、先行研究において残された課題を見つけることができるようになったと感じている。

2 「相互評価シート」活用による気づきや学びについて

　「相互評価シート」は、テキストに関する発表担当者のレジュメ、夏季レポート、そしてグループワークの発表にあたり活用されたが、ゼミ生同士でお互いにコメントを書き、評価し、採点もするというものである。

　確かに、この「相互評価シート」によって自分が気づかなかった視点や欠点を学ぶことができた。一方で、自分にも良さ、強みがあることにも気づかされたように思う。以下、具体的に述べてみたい。

　まず、基礎演習の夏季レポートは、「テキストを批判的に考察し、筆者の見解に関する問題点や残された課題を2つ以上指摘し、自説を論ぜよ。」という課題であった。このレポートは先生に提出し先生が評価するだけでなく「相互評価シート」も活用された。このことで、他のメンバーがどのようなことを問題点としているのか、また私が指摘した問題点について他のメンバーはどのように思っているのかを知ることができた。

　次に、基礎演習の後期においては、指定されたテキストについて「学習シート」だけでなく、発表担当者に対して「相互評価シート」も活用された。私はこの相互評価

「ゼミナール」という授業 　―地域公共人材の育成を目指して―　　155

で、「レジュメがうまくまとめられていない」、「発表するときに早口になる」など今まで気づかなかったことを指摘してもらうことができた。一方「事例を取り入れながらの意見で良かったと思う」などのコメントもあった。このことは、これからの就職活動や公務員試験での小論文や面接等を考えたとき、重要な指摘をしてもらったとゼミのメンバーに感謝している。

3 佐世保市総合計画を活用した「グループワーク」による気づきや学びについて

　基礎演習の最後は、2つのグループに分かれ佐世保市総合計画の中から、グループで取り組みたい課題、テーマを決め、調査し、政策提案を行うというものである。そして、最後の発表にあたっても「相互評価シート」が活用された。

　私たちのグループは、商店街の活性化に関する政策提案を行った。その際、グループの他のメンバーの意見に助けられた。ただ、調査が思うようにできず抽象的な政策提案となってしまい、発表に対する質問に具体的な回答をすることができなかったことが残念でならない。しかし、この経験を通し次のようなことを学ぶことができた。まず、自治体の総合計画がどのように作られているかを学ぶことができた。次に、現在、専門演習で卒業論文の作成に取り組んでいるが、前期に先行研究のレビューを行い、夏季休暇期間中に3ヵ所の現地訪問調査を終えることができたのも、この経験があったからだと実感している。さらに、一つの課題に対してグループで取り組み、自分たちで調査先に連絡し調査に行く経験は、これから社会人になるにあたり、コミュニケーション能力だけでなく基本的なマナーや礼儀がいかに大切であるか学ぶきっかけにつながったと考えている。

おわりに

　以上のとおり、黒木ゼミナールにおいて、「学習シート」から自分で考えることの大切さを学び、「相互評価シート」から多様な視点で物事を見ることの大切さを学び、「グループワーク」から卒業論文の作成方法だけでなくマナーなど社会人基礎力の大切さ学んだ。そして、ゼミのメンバー、仲間と切磋琢磨し、その絆を大切にすること

が何より重要であることを、黒木ゼミナールから学んだと思う。

　入ゼミ前のゼミ説明会で先生は、「黒木ゼミナールのモットーは ”One for all, All for one”である。黒木ゼミにヒーローはいらない。なぜなら、一人ひとりが自分のためでなく仲間のために頑張っていれば、自然とみんなが仲間にとってのヒーローになっていくからだ。」そして「その仲間には黒木ももちろん含まれている。」とおっしゃっていたのを強く覚えている。

　卒業論文は先生の指導のもと一人で作成することのように思えるかもれない。しかし、ゼミのメンバー、仲間と切磋琢磨していくことで、より質の高い論文を作成することができるはずだ。これからも、先生そしてゼミの仲間たちとともに、卒業論文という一つの目標に向かって頑張っていきたいと思う。

4.フィールドワーク　－地域に足を運ぶということ－

　新聞、ニュース、専門書や論文等を通じて学ぶことは重要である。学術論文を書く上で先行研究のレビュー等は欠かせない。その過程で、地域についての情報や知識を得ることもあろう。これらの情報等は第三者を介して得られた情報等であるため「二次情報」といわれる。一方、自ら地域に足を運び調査することで得た情報等は「一次情報」といわれる。時間や経済的なコストを考えると二次情報を活用することが合理的であるが、それは第三者の視点というフィルターを通したものでありバイアスがかかっている。このため、学術的には一次情報が高く評価され、自ら地域を訪ね調査する「フィールドワーク」(以下、「FW」)が求められている。筆者自身、東日本大震災の被災地である宮城県南三陸町をはじめて訪れたときの光景を昨日のことのように覚えている。地域に自ら足を運び、自分の目で見て、自分の耳で聞いて、そして自分の肌で風を感じなければ、その「想い」を第三者に伝えることは困難であろう。

　このことを「社会人基礎力」の延長線上で考えたとき、市民の声を大切にする「民主主義的思考」、お客様の声を大切にする「顧客主義的思考」、組織において現場の声を大切にする「現場主義的思考(ボトムアップ的思考)」等につながってい

くものと考えている。

そこで黒木ゼミの基礎演習においては、2017年度から熊本県水俣市において
FWを実施した。地方創生が叫ばれる現在、日本の高度経済成長期に発生した
公害について今一度考える必要がある。貨幣経済を偏重した地域社会の活性化
を目指せば、同様の悲劇を繰り返すことは容易に想像し得る。そこで、公害の原
点といわれる水俣病の被災地を訪問し、「日本の環境首都」といわれるまで再生
を遂げてきた水俣市と市民の環境への取り組みを学ぶとともに、FWの重要性を
学生に実感してもらうことを目的に実施した。

では、果たしてどのようなFWであったのか。学生レポートを通して紹介したい。

【学生レポート②】

熊本県水俣市でのフィールドワークを終えて

公共政策学科2年・黒木ゼミナール　友枝　千愛

はじめに

　2018年9月5日〜6日の2日間に渡り、私たち長崎県立大学地域創造学部公共政
策学科2年黒木ゼミナールは、熊本県水俣市でフィールドワーク（以下、「FW」）を行っ
た。「地域のことを知るには、その地域に行ってみるのが一番だ」という黒木先生の
意向である。FW中に伺ったのは、愛林館、水俣病資料館、水俣環境アカデミア（以下、
「アカデミア」）、湯の児スペイン村福田農場（以下、「福田農場」）である。私たちは水俣市を
訪れる前に、水俣市の過去から現在までの様々な取り組みについて事前学習を行
い、ある程度の理解を深めた。

　実は失礼ながら、事前学習以前の私の水俣市に対する印象は、「多くの住民を苦
しめた『水俣病』の地域」というものだった。おそらく、私のような負の印象を持ってい
る人は少なくないだろう。しかし、現地に足を運び地域の人々や活動に直接触れるこ
とができるFWが、私の水俣市に対する負の印象をがらりと変えてくれた。本レポート
では、FWで得た学び、個人の感想、自分の成長などを記そうと思う。

1 アイデア満載の村おこし施設「愛林館」

　佐世保から約4時間バスに揺られ、まず私の目に飛び込んできたのは、一面に広がる壮大な棚田の風景だった。愛林館があるのは、水俣市の久木野、高齢者の割合が全体の半数以上を占めるいわゆる「限界集落」地域である。しかし館長の沢畑亨さんは、簡単によそから「限界集落」と決めつけられることについて『心外だ』と語った。現在の風潮として人口が増加すれば社会は発展、減少すれば衰退というイメージが付きすぎている。沢畑さんは、久木野での暮らしを「静かで豊かな暮らし」と表現されていた。

　愛林館の事業活動で私が特に感銘を受けたのが、「HELP！食べる田助手(たすけて)」だ。これは、久木野の棚田でとれた米を買ってもらうことで間接的に棚田の米作りの応援をしてもらうというプロジェクトである。久木野のような過疎地域での販売だけでは、美しい棚田を維持し続けるのは難しい。単純に、「たすけて」という素直な言葉に消費者の心も動かされるのではないだろうか。久木野に広がる美しい棚田の景色を守るために会員になる人もいるだろう。

　また、ポスター作りにもユーモアが感じられる(次頁参照)。ビートルズを模したマークに、ユニークで不思議なネーミング。どれも目に留まるデザインだ。

　さらに、久木野の寒川水源を利用して「マイクロ水力発電」を行っている点も地域の工夫が感じられる。大変小規模な発電設備であるが、近くの飲食店に供給されている。ほかにも、久木野では使える資源は有効活用しており、地域の人々の努力が見えるまちであった。

2 水俣病を乗り越えて

(1)水俣病を後世に伝える

　今回のFW中に私たちは水俣病資料館に訪れた。被害者の方々の記録や写真の展示、水俣病による障害を実際に体験的に学べる設備もあった。どれも生々しく、水俣病が人々に与えた苦痛の重さを感じられる場所である。また、資料館内では語り部の方のお話を伺うこともできた。現在、語り部の方は亡くなっている方も多く担

図表6　愛林館「食べる田助手」会員募集ポスター

（出所）愛林館HP・閲覧日2018年12月31日（http://airinkan.org/13Help! taberutasukete.html）。

い手が徐々に減っており、今回講演をしてくださった遠藤邦夫さんも語り部を引き継いでいらっしゃる方であった。しかし遠藤さんは、被害者の支援を続けてこられた方で、当然ながら水俣病への造詣も深く、多くのことを学ばせて頂いた。そしてこのことは、長崎の原爆の語り部も同様で、「このような悲劇を二度と繰り返してはならない」という教えをどのように後世に引き継いでいくのか、という大きな課題が残されていることを気づかせてくれた経験でもあった。

(2)「もやい直し」―水俣病を乗り越えて―

「もやい直し」、水俣市における地域再生の合言葉である。最終日に訪れたアカデミアでは、熊本県環境センター館長の篠原亮太先生、アカデミア所長の古賀実先生、及び水俣市職員の方々が研修を行ってくださり、水俣市は水俣病で得た教訓を生かし、多くの環境保全に取り組んでいることを学ぶことができた。例えば、1992年の

「環境モデル都市づくり」の宣言。ほかにも、「みなまたエコタウン」としての取り組みや、「第6回水銀国際会議」(2001年)、92か国が署名した「水銀に関する水俣条約外交会議」(2013年)等が開催されている。しかし、一番驚いたのが水俣市独自の家庭ごみの分別収集方法である。町なかでも拝見したが、20種類ものごみの分別を行っているのだ。このような多種類の分別を市民が継続的に協力して行えるのは、まち全体が一体となって環境保全に取り組んでいるからであろう。昼食時に訪れた福田農場でも、リサイクル、リユースなどの取り組みが見られた。そして何より、ここでの地中海のような碧い海を眺めながらのパエリア作り体験は今回のFWのいい想い出である。

　このように、水俣市が環境保全に地域一体となって取り組むエコなまちであることを実感した、アカデミアと福田農場での研修であった。

おわりに

　最初は、「はじめに」でも述べた通り私は、「水俣市といえば水俣病」という印象を持っていた。しかし実際に現地を訪れ、地域の人々や活動に触れてみると、水俣病という負の歴史を乗り越えて糧にし、今では環境保全を一番に考える愛あふれるまちであることがわかった。水質汚染の影響もあってか水俣市は海のイメージが強かったが、久木野のようにむしろ美しい緑の景色でいっぱいだった。愛林館館長の沢畑さんも、アカデミアに来てくださった水俣市の職員の皆さんも、緑あふれる環境にやさしい水俣の魅力をたくさん世に広めたいとおっしゃっていた。実際に、学校の環境学習や行政職員の研修等で水俣市は多くの人が訪れる「日本の環境首都」である。それだけ学ぶことが多いまちであった。

　今回のFWで、地域おこしの在り方や地域復興をとげた水俣市について学んだことは、公務員を志望している自分にとって今後大いに役立つだろう。FW以前、黒木先生がおっしゃっていた、「地域のことを知るには、その地域に行ってみるのが一番だ」という意味を心から理解することができた1泊2日のフィールドワークであった。

5.卒業論文　－学生生活の集大成－

　卒業論文は、知的空間である大学で過ごした学生生活の集大成である。黒木ゼミでは、「専門演習」から「卒業論文」の2年間で卒業論文作成に取り組んでいる。ここでは、基礎演習での「学び」を前提に、学生自ら選んだテーマ（地域課題）について主体的に調査研究を進めていく。そこで学生に求められる到達目標は、次のとおりである。

　①社会的背景と地域の現状を理解し問題意識を持つことができる。

　②先行研究論文のレビューができる。

　③課題を絞り込み研究目的、論文の意義を明確にすることができる。

　④関係する制度、概念等を理解・整理することができる。

　⑤仮説や分析枠組等を設定し調査項目を作成することができる。

　⑥先進事例地等を選出することができる。

　⑦調査先に連絡を取り円滑に現地訪問調査を行うことができる。

　⑧調査結果を取りまとめることができる。

　⑨調査結果を比較・分析することができる。

　⑩研究目的に沿った結論を論理的に導き出し政策提案をすることができる。

　⑪卒業論文として形式を遵守し、表現力があり、論理性、独自性、貢献性のある論文を作成することができる。

　この到達目標は卒業論文の作成過程に準拠しており、ゼミ活動もこれに従って進行している。学生たちは、この行程を何度も行き来しながら、また学生同士のディスカッションを通しブラッシュアップを図りながら、卒業論文の完成を目指すことになる。ここでの「学び」は原則として「専門知識」と「社会人基礎力」を視野に入れているが、黒木ゼミの特色として⑦について言及しておきたい。前述のとおり、「人間性、基本的な生活習慣」は、家庭や地域社会の教育力が低下した現在、「社会人基礎力」等の育成を通して相互に作用し合いながら、様々な体験等を

通じて循環(スパイラル)的に成長することが期待されている。黒木ゼミでは、その実践として、現地訪問調査を必須とし、調査先への連絡から日程調整など学生が主体的に行うこととしている。その効果については、学生レポート①のとおりである。

学生たちには、卒業論文作成を通し、「専門知識」「社会人基礎力」とともに、「人間性、基本的な生活習慣」も身につけ、社会で活躍できる人材として成長してくれることを期待している。

6.求められる地域公共人材　ーガバナンスの担い手としてー

1995年1月17日、阪神淡路大震災が発生した。このとき多くのボランティアが活躍し、その数は震災からの5か月で延べ122万人以上にのぼった[16]。この年は後年、「ボランティア元年」といわれ、これを契機に特定非営利活動促進法(NPO法)が成立している。これにより地域社会は、政策決定や公的サービス生産供給の主体が行政のみという一元的な統治社会(ガバメント)から、その主体が行政のみならず市民、NPO、企業等との協働による多元的な協治社会(ガバナンス)へと移行していった。いわゆる、「ガバメントからガバナンスへ」のパラダイム・シフトである[17]。

また、これと並行して社会は、人口減少、少子高齢化社会に突入していく。人口減少に伴う歳入減と社会保障費等の増加による歳出増により、国や地方自治体の財政が逼迫していくことが予想されている。このため、現在、市民一人ひとりの自助や地域コミュニティの互助等による地域づくりが期待されている。

このように、様々な社会的要因から、市民一人ひとりが、地域社会を支えるアクター、「地域公共人材」としての役割が期待されているのである[18]。

以上のような現在の社会的背景を考えると、これから社会に巣立とうとする学生たちには、就職し仕事に携わる社会人としてだけではなく、「地域公共人材」としての役割も期待されている。このための能力としても、先の「専門知識」「社会人基礎力」等が必要とされる。しかし、「地域公共人材」としての役割には、無償性を前提とするボランティア活動も含まれている。このため、「人間性、基本的な生活習慣」が基盤であり何よりも不可欠な能力として求められていることはいうまでも

ない。

　そこで学生たちには、今後さらに「地域公共人材」としての素養も身につけるべく、ボランティア活動など自発的社会貢献活動への発展的展開が期待されている。

7.One for all, All for one.　ーヒーローはいらないー

　"One for all, All for one."。ラグビーフットボールでよく使われる言葉である。「一人はみんなのために、みんなは一人のために」と訳されることが多い。入ゼミ案内の折、黒木ゼミのモットーとして学生たちに話す言葉でもある。何事も自分のためと考えると甘えもでよう。しかし、仲間のためと考えると妥協はできない。例えば、災害ボランティアを考えて欲しい。先の「ボランティア元年」といわれた阪神淡路大震災、東日本大震災、そして熊本地震のときも同様に、全国の多くのボランティアが活躍した。筆者自身、熊本地震が発生した当初、「仲間が大変な想いをしている」と、もはやジッとしていることなどできなかった。休日を利用し毎週のようにボランティアに駆けつけ車中泊で夜を明かす。暗い車内でパソコンを立ち上げ講義資料を作成するという日々が続いた。しかし、被災している仲間、そして講義を待っている学生たち、それぞれのことを考えればボランティアも仕事も妥協などできるはずがない。むしろ、当然のこととして受け止めていた日々を思い出す。このように、人は自分のためではなく、誰かのために行動を起こすとき、自分が考えている以上の力を発揮することができるのではないだろうか。そして、先にみた「地域公共人材」として期待される学生たちには、"One for all, All for one."を日々の学生生活の中でも実践して欲しいと願っている。

　これからの地域社会は、インバウンドだけでなく外国人労働者の受け入れ拡大に伴い、異なる文化や価値観を受け入れる多様性、ダイバシティーが求められてくる。世界に目を向ければ、インターネットの普及に伴う情報等のボーダーレス化から、政治、行政、ビジネス、文化等のあらゆる面から国際社会との関係が密接になっている。このため地域社会だけでなく、「公共人材」としてグローバルに活躍す

る学生たちの誕生も期待せずにはいられない。

　しかし、特別なヒーローが求められているわけではない。"One for all, All for one."とともに"Think globally, Act locally"といわれるように、一人ひとりが仲間のこと、地域のこと、そして世界のことを少しでも考え行動する日々の小さな積み重ねが何より大切なのである。そうすれば、きっと誰もが仲間にとっての、地域にとっての、そして世界にとっての、かけがえのないヒーローになっていくのだから。

　そこで最後に、1963年8月28日、アメリカの首都ワシントンに25万人もの人々が集まったワシントン大行進における、M.L.キング牧師の演説の一節を学生たちに贈り、この章を終えることとしたい[19]。

I have a dream that one day on the red hills of Georgia the sons of
　私には夢がある。いつの日にか、ジョージアの赤土の丘の上で、かつ
former slaves and the sons of former slave owners will be able to sit
ての奴隷の子孫とかつての奴隷主の子孫が、ともに兄弟愛のテーブル
down together at the table of brotherhood.
につくことができるだろう、と。

I have a dream that my four children will one day live in a nation
　私には夢がある。いつの日にか、私の4人の幼い子供たちが肌の色
where they will not be judged by the color of their skin but by the
によってではなく、人間の中身によって評価される国に住めるようにな
content of their character.
るだろう、と。

I have a dream today.
　私には、今日、夢がある。

　　　　　　　　「ゼミナール」という授業　―地域公共人材の育成を目指して―　　165

注

1 文部科学省「平成30年度学校基本調査(確定値)」の公表について」、2018年(a)、p.1参照。

2 文部科学省、同上資料(2018年(a))、同頁参照。

3 永田敬・林一雅編『アクティブラーニングのデザイン　東京大学の新しい教養教育』東京大学出版会、2016年、p.17参照。

4 中山茂『大学生になるきみへ』岩波書店、2003年、p.2参照。

5 中山茂、同上書(2003年)、p.8。

6 中山茂、同上書(2003年)、p.8。

7 文部科学省、2018年3月30日付け29文科初第1784号「高等学校学習指導要領の全部を改正する告示等の公示について(通知)」、2018年(b)参照。

8 長崎県立大学ＨＰ・地域創造学部・閲覧日2019年1月4日(http://sun.ac.jp/disclosure/policy/regional/)。

9 文部科学省、前掲資料(2018年(a))、p.2参照。

10 経済産業省「社会人基礎力に関する研究会－『中間取りまとめ』－(平成18年1月20日)」、2006年、p.4。

11 経済産業省、同上資料(2006年)、12-14頁参照。現在、経済産業省では、「人生100年時代の社会人基礎力」を提唱しているが、本章は、高校と大学の相違に焦点をあてていることから対象から外すこととした。

12 経済産業省、同上資料(2006年)、p.4。

13 経済産業省、同上資料(2006年)、p.2参照。

14 経済産業省、同上資料(2006年)、p.4参照。

15 学生レポートの①②に記載の学年はレポート作成時(2018年)の学年である。

16 神戸市ＨＰ・ボランティア・閲覧日2019年1月3日(http://www.city.kobe.lg.jp/safety/hanshinawaji/data/keyword/50/k-72.html)。

17 黒木誉之「自治概念の動態性に関する基礎理論－ガバナンス社会における政治・行政のパラダイム－」、『現代自治行政学の基礎理論－地方自治の理論的地平を拓く－』敬文堂、2012年、pp.87-99参照。

18 今川晃・梅原豊編『地域公共人材をつくる－まちづくりを担う人たち』法律文化社、2013年、p. ii 参照。

19 上坂昇『キング牧師とマルコムX』講談社、1994年、p.73参照。梶原寿監訳『私には夢がある　M.L. キング説教・講演集』新教出版社、2003年、pp.103－105参照。

参考文献

今川晃・梅原豊編『地域公共人材をつくる－まちづくりを担う人たち』法律文化社、2013年。

梶原寿監訳『私には夢がある　M. L. キング説教・講演集』新教出版社、2003年。

黒木誉之「自治概念の動態性に関する基礎理論－ガバナンス社会における政治・行政のパラダイム－」、『現代自治行政学の基礎理論－地方自治の理論的地平を拓く－』敬文堂、2012年。

上坂昇『キング牧師とマルコムX』講談社、1994年。
中山茂『大学生になるきみへ』岩波書店、2003年。
永田敬・林一雅編『アクティブラーニングのデザイン　東京大学の新しい教養教育』東京大学出版
　会、2016年。

参考資料
経済産業省「社会人基礎力に関する研究会−『中間取りまとめ』−（平成18年1月20日）」、2006年。
経済産業省「人生100年時代の社会人基礎力」（説明資料）。
文部科学省「平成30年度学校基本調査（確定値）」の公表について」、2018年（a）。
文部科学省、2018年3月30日付け29文科初第1784号「高等学校学習指導要領の全部を改正する告
　示等の公示について（通知）」、2018年（b）。

参考URL
愛林館HP・閲覧日2018年12月31日（http://airinkan.org/13Help!taberutasukete.html）。
神戸市HP・ボランティア・閲覧日2019年1月3日（http://www.city.kobe.lg.jp/safety/hanshinawaji/
　data/keyword/50/k-2.html）。
長崎県立大学HP・地域創造学部・閲覧日2019年1月4日（http://sun.ac.jp/disclosure/policy/
　regional/）。

ゼミを通じた地域貢献プロジェクトについて

実践経済学科　**鶴指　眞志**

1. ゼミにおける「プロジェクト」

　4月、地域創造学部実践経済学科の1年生の学生が履修する「教養セミナー」で、学生に自己紹介をしてもらう。まだ入学したばかりの学生の皆さんではあるが、地域活性化について興味があるとか、実際に学生生活の中で、また、卒業してから地域活性化をしたいなどという言葉が飛び交う。

　本学の理念の一つに、「大学の総合力に基づく地域社会及び国際社会への貢献」とあり、さらにアドミッション・ポリシーの中の求める学生像には、「地域社会や国際社会に貢献したいと考えている人」とある。そして、地域創造学部のアドミッション・ポリシーの求める学生像には「地域社会や地域経済の課題に関心を持ち、その課題解決方法を学びたい人」、「積極的に地域に入って、課題の発見や分析を行いたい人」、「他社と協働してよりよい地域社会や地域経済を想像したい人」とあり、同じく実践経済学科のそれには、「地域社会や企業に於いて経済に関する実践的なスキルを活かして活躍したい人」、「経済学分野の実践的能力や立案能力を要する職種で活躍したい人」とある。本学科の学生は、このように地域社会への関わりを期待して入学してきたのである。

　このような期待を胸に入学した学生には、実際に地域社会に入り、地域の課題について、実際に経験し、学びながら解決していくことが、その希望に対する実現への一番の近道であると私は考える。しかし実際にこのような活動をしていくこ

とは、難しいようで簡単であり、簡単であり難しいことである。いかにも矛盾しているが、前者は実際の授業の中で地域に入るものがある。しかし授業として実施するため、決まったレールに乗るものであり、ある意味特定のノルマを達成すればよい。一方で後者は、どちらかと言えば学生の主体性に委ねられるかもしれない。例えば、サークルやゼミ活動の中でのことである。こちらは、ともすればレールがない分、初めから自分たちでしなければならないし、時間もかかる。従ってこちらの方は相対的に難しく、長い期間じっくりと考えていかなければならない。だが、こちらが地域社会により深く入り、実践力をつけることについてはよりおもしろく、そのためにはなるだろう。しかしながら、もしかしたらその一歩に踏み入れられず、入学時に思い描いていた大学生生活を十分に満喫できずに終わってしまうのではないだろうか。

　私はこの学生たちの地域活性化への熱意を実際に実現させようと考え、自分なりにゼミで地域における課題について取り組み、提案をしてきた。その、ゼミで取り組んできたことを、「プロジェクト」と称することとする。いわゆる専門のゼミが始まる3年生だけではなく、1年生から始め、2年生と、各学年で開講される演習形式の授業において、それぞれプロジェクトに取り組んできた。本章では私の実施してきたプロジェクトについて、2017年度に実施したことに着目し、その内容について述べ、その上でプロジェクトの課題などについて考えていきたい。そのまえに、少しだけ私の過去の経歴や研究分野に言及し、このプロジェクトを始めたきっかけやヒントを得たところなどについても述べることとしたい。

2. プロジェクトを始めたきっかけ

(1) 公立大学と私

　ゼミでのプロジェクトについて述べる前に、私のことを少しお話しすることとしたい。私も実は公立大学の出身である。私の出身大学は、いわゆる旧三商大の一つであり、現在では公立大学の中でも大規模な総合大学となっている。その中で、学んだこと、印象に残ったことは、やはり地域のことであった。ここで詳しく述

ゼミを通じた地域貢献プロジェクトについて　　169

べることはしないが、地域には良い面、悪い面があり、それらについて詳しく学ぶことができた。とくに印象的だったのが、授業の中で、実際に地域に足を運んで調査を行うフィールドワークであり、地域や地域の抱える問題について、肌でも感じてきた。私にとっては、地域について学び、さらには研究するおもしろさについて、そのときに気づくようになったのだと思い返す。また、私の指導教員も、常に地域の委員などで仕事をされており、常にそのような情報については、学部生の頃より触れてきた。

　本学でも、シラバスを見る限りでは、長崎という地域を学ぶ科目が多数あり、長崎という地域について、さまざまな視座から学び、研究することができると考えている。公立大学の使命として、地域を切り離して考えることはあり得ないと考える。もちろん、公立大学だけではなく、国立大学や私立大学などでも地域との関わりは存在しうる。しかし、多くの公立大学が公共団体によって設立された経緯もあって、時に一部局という存在であったこともあり、その様な意味でより地域との関わりは強いと私は考えている。また、公立大学の多くは、その地域の名前が、そのまま入っている場合が多い。地域の名前が入っているからこそ、学生や地域住民にとってよりいっそう親近感がわき、身近に感じてもらっているのではないかと思う。それが私にとっての公立大学への愛着であり、ある意味の醍醐味であると考えている。

　また、やはり大学の立地する地域というのが最も身近で、最高の研究対象としてのフィールドであるために、自然と地域の関わりが生まれてくる。関わりとは、恐らくは大学がもたらす、教育や研究の効果であると考える。経済学的にはこれを「正の外部性」と言うが、大学がその地域にあることで、大学の研究などが地域にもたらされ、地域がよりよくなるといういわば正の循環が起こりうる。例えば、本学の教員の多くは、学識経験者として、周辺地域における何らかの委員などに就任していることが多い。これもまさに大学がもたらす正の効果であると考える。これに加えて、プロジェクトを実施することで、より明示的で深い地域への貢献になると考える、また同時に、学生の今後の活動へのスキル育成になることも期待される。

（2）交通と地域、そして地域活性化へ

　私は大学の学部の1回生後期から交通経済論を扱うゼミに所属してきた。元々小さい頃から鉄道などに興味はあった。したがって、鉄道をはじめとする交通とも、私の担当する交通経済論とも、長いつきあいになる。

　交通は日常生活において切っても切れない縁にある。人々は日常生活をする上で、交通行動は欠かせないからである。地域活性化というのも、人が集まってからこその話なので、その手段となる交通という視点も無視することはできないのだが、実はこの点が忘れられがちのように思われる。私は交通を基軸としたまちづくりについても研究テーマとしているが、それは公共交通の政策を通じて地域活性化やまちづくりを考えるという視点である。ゼミ募集では、交通だけでなく、広くまちづくりなどの地域活性化に関心がある学生を募る。そのため、ゼミの中では、単に交通だけではなく、地域活性化や観光などさまざまな興味関心を持った学生が集まる。やはりその根拠として、地域活性化という関心を強く持つ学生が集まってくる。

　ここで交通のサービスとしての特徴について、簡単に述べることにしたい。交通は通常の財やサービスとは異なる性質を持つ。一つは派生需要というもので有り、交通それ自体を消費することが目的ではなく、何かをするために、その過程において消費されるという体質である。例えば、買い物に行くために鉄道を使うという場合を想定すると、その人の目的は買い物であり、鉄道は手段である。つまり、鉄道サービスは目的を達成する過程のうちに消費されるものである。ただ、本源的需要としての鉄道も存在する。つまり、鉄道に乗ること自体を楽しむことであるが、例えば蒸気機関車やクルーズトレインなどがそれにあたる。

　また、公共交通との関係で見ると、交通の一番大きな問題とも言えるのが自給可能性である。つまり、交通サービスは自分で作り出すことができると言うことであり、とくにモータリゼーションという言葉があるように、とりわけ自動車によっても作り出せると言うことである。そのため、特に地方においてはモータリゼーションの進展によって、公共交通の衰退が問題視されている。

また、交通の性質として、所得が増えたからと言って必ずしも消費が増えるかというと必ずしもそうとは言えない、といこともある。ただし、運賃が下がれば、とりわけ通勤や通学以外の私的な移動は増えることが想定される。そのために、運賃政策は各自治体等ないし事業者で取り組まれており、そのような運賃負担低減のよい例が、いわゆる1日フリー乗車券である。このようなフリー乗車券は、すでに一部の自治体や事業者などで導入されている。特に短距離の移動を繰り返し行っていると、そのたびに初乗り運賃が課せられるため、利用者の費用は大変高くなるが、フリー乗車券ではそのような負担を軽減できる。例えば、フリー乗車券を導入することで、運賃負担感が減少し、地域内における人々の回遊性が増すかもしれない。そうなれば、地域活性化に結び付くことが期待される。また同時に、自動車利用者が公共交通に転移することで、二酸化炭素等の排出減少に結びつき、環境施策の面においても効果が期待できる。さらに、運賃割引のことについて述べるならば、事業者の関心はその多くをになう、通勤・通学輸送であり、そのピーク時に対して車両や設備などを準備する。一方、平日昼間や休日などのオフピーク時に、遊休となる施設を少しでも活用できるように、例えば運賃割引などを実施して、少しでも利用者を増やすという施策もあり得る。

　繰り返しになるが、運賃が安くなると人々の交通行動が増加する可能性があり、地域活性化の一つの処方箋となることが期待できる。しかしながら、いくら運賃を安くしても移動する目的がないと、公共交通の利用増加の期待ができない。そのために、例えば人々を惹き付けるような、既存の中心市街地活性化や観光施設、さらには新規のこれらの開拓など、地域活性化もセットで実施する必要があるだろう。

　日本においては公共交通の採算性、いわゆる赤字問題やネットワーク等がとりわけ問題視されるが、間隔を含む頻度や運賃面での工夫があまり議論されてきていないといえる。しかし、近年ではこの点も認識されつつある。さらに、近年の交通行動の調査では、明らかに20代、30代の休日トリップが少なくなっている。さまざまな要因もあるのかもしれないが、その一つに、その世代の所得の減少も考え

られる。そのため、運賃負担の低減は、これらの世代の移動を生み出すことになることも期待され、ひいては地域活性化につながるであろう。

　今後各自治体や事業者においてこれらの議論がなされることを期待したい。そしてさらに、地域活性化とともに、とくに公共交通のあるべき姿をセットとする施策にも期待したい。

（3）活動への取り組みの出発点

　地域連携の困難性の最大の難関は、まずは地域に入ることではないかと思う。私もこれには正直難儀したところである。しかし、本学に着任してすぐから、地域交通を研究するために様々な自治体や事業者を積極的に訪れた。そこである程度は地域連携への入り口の難関は突破できたのではないかと考えている。

　実際にゼミで何かプロジェクトをしようというのは、着任以前より頭のどこかには構想が存在した。そして、基本的には年度ごとで実施し、教員はファシリテーター的な立場として学生にアドバイスするに限るという方向性を考えた。これには次の2つのことがヒントになった。

　1つ目は、大学院生時代の活動である。大学院生時代には、研究を積み重ねてきたが、同時に、ティーチング・アシスタントなどでさまざまな先生のもとで経験を積み重ねた。その中でとくに印象的だったのが、ボランティアで手伝いをした、社会人の方々が参加して行われるグループワークであった。そこでは受講者が課題を設定し、問題点をフィールドワークしつつ探り、その解決策を自治体に提案するものであった。もちろん、大学教員なども参加するが、彼らはファシリテーターとしての立場がとられ、最低限のアドバイスなどをするだけであった。実際に自治体に受け入れられたものもあり、私自身はそのグループワークに入ることはなかったものの、大変印象的であった。

　2つ目は、本学で実施されている「しまなび」である。これは2年次の全員必修科目で有り、学生たちが実際に離島であるしまへフィールドワークをしたうえで、提言を行うものである。私も過去に数回この授業を担当し、実際にしまに訪問した。最

ゼミを通じた地域貢献プロジェクトについて　　173

終的には地域の人々や自治体に対してプレゼンテーション（以下プレゼン）をして、提言がなされる。これも過去に提言が採用された事例が存在する。

（4）活動の方向性

　以上のような経験から、私なりにゼミにおいて、次のように取り組むことを考えた。
　①教員はファシリテーターとしての立場を取る
　②グループワークを通じて、プレゼンによって提言を実施する
　③取り組みは各年度または履修期間とし、その間に完結する

　①については、教員はファシリテーターとしての立場をとり、できる限り最小限のアドバイスをすることにとどめた。積極的に教員が指導する手法もあるだろうが、それはレールを敷くことになってしまう上に、「私の提案」になってしまう可能性もある。私は学生の主体性を信じてこのような立場をとることにした。そして、可能な限り連携先との連絡も、学生が実施することとして、彼らのコミュニケーション能力を高めようと試みた。
　②については、①に則り、学生が主体的にグループワークを実施できるようにした。また、フィールドワークを実施しながら現状把握をし、プレゼンによって提言することを目指した。プレゼンはゼミ内だけではなく、3年生においては学内合同ゼミにおいても発表をすることで、プレゼンをする機会をできる限り作り、プレゼンに磨きをかけるようにしてきた。
　③については、私はゼミでの活動はゼミが開催される期間、つまり基本的には年度で完結できるように進めてきた。本来ならば、継続的に長期間にわたり同じプロジェクトが継続されるのがよいのかもしれないが、実は長期間というのは難しい問題である。それは次の点からである。第1に目標の時間的制約のためである。学生の視点からすると、やはりゼミという中で実施することであるので、ゼミの中で取り組むと言うことになる。本来ならば学生が継続的に続けることが望ましい

が、在学年限にも限りがある。また、学生には単位修得はもちろん、就職活動や資格取得のための時間がある。従って、学生という自由な時間の中で、ゼミ活動をする時間というのは自ずと限られてきてくる。

第2に、引き継ぎの困難性である。やはり学生の視点からすると、先に述べたように時間が限られているなかで、引き継ぎを実施するというのは困難なことである。一方、連携先においても、担当者が変わる可能性が存在する。担当者がかわって全てを引き継いでいただき、継続するということは莫大な労力と時間をかけてしまうことになる。そのため、引き継ぎをすることは双方において多大な時間（＝費用）が発生するために、現実的には困難なことである。また逆に言えば、各年度に新たなプロジェクトを発信すれば、継続的に連携を進めていく中でも、新規性が期待される。

第3に、目標の明確化である。期間を定めることで、いつまでに何をすべきか、という計画も立てやすくなり、目標も定まる。長期間に同じプロジェクトを実施することは、プロジェクトの定着を生み出し、安定的になるかもしれないが、一方では冗長となり、学生と連携先の双方において形骸化しかねない。したがってむしろ新しいアイディアを次々と発信していき、さまざまなチャレンジをすることで学生も連携先も常に新鮮さを保つことができるだろうと考える。

3. 各学年の取り組み

（1）ゼミでの取り組みについて

これまではゼミで取り組むきっかけや方向性などについて述べた。ここからは実際に各学年で実施したプロジェクトについて具体的に述べることとしたい。その前に、各学年で共通すること、ゼミ内での交流について少しだけ述べることとする。

まず各学年で共通することは次の通りである。第1に、ゼミでのプロジェクトについては各ゼミにおいて約半数の時間を利用し、学生同士のグループワークによって取り組んだ。もちろん、ゼミでの中心となるのは基礎学力の習得及び研究への応用であり、それを無視することはできないし、私もそれについては大学の教育者

としての責務だと考えている。したがってプロジェクトの取り組みは、例えば隔週で実施する、ないしは、授業時間の前半をテキスト輪読等に充て、後半にグループワークをする、などという形をとった。

第2に、グループワークのまとめとしてプレゼン資料を作成し、各期末にプレゼンの実施とその提出を求めた。まずはゼミのなかでプレゼンをして、その次に後述のゼミ内の発表会においてプレゼンをし、そのうえで、提携先においてプレゼンを実施した。近年プレゼン力が重視されているなかで、私のゼミではプレゼンを重視し、練習を積み重ねることを実施した。

次に、ゼミ内の交流についても少々述べることとしたい。実は、担当するゼミは、とりわけ前期においては4学年であり、4つのゼミとなる（ただし、2017年度は3ゼミであった）。しかし、タテのつながりというのは、ほとんど無い。これは私が学生時代でもそうであった。とりわけ1年生では、大学生活を始めたばかりで、まだわからないことも多く存在するだろう。そのため、私のゼミでは、年に数回交流会を設け、さらに、それぞれの学年が作成したプレゼンを発表する機会を設けた。

交流会の様子　2017年5月10日。

このような交流会についても、特に3年生の学生に幹事をお願いするなどし、企画と運営についても委ねることにした。特に、1年生ではスポーツを通じた交流を望む声が有り、2017年度の4月の早い時期に、ゼミ内のスポーツ交流会を実施した。また、それぞれの学期末においては、各学年で実施したグループワークのプレゼンを発表し合い、ディスカッションを実施した。そこでのコメントなどをもとに、再びプレゼンに磨きをかけ、最終的なプレゼン発表に備えるようにした。

このように私の担当するゼミでは、タテとのつながりについてもできる限りもてる機会をつくり、また、プレゼンを何回も重ねることで完成度を高めるということを目指してきた。

(2) 1年生の取り組み

1年次には教養セミナーという必修科目がある。これは全学共通科目であり、一番最初にゼミというものを経験する科目である。大学生としてのいわば心得を学ぶ場であり、レポートの書き方、参考文献などの探し方など、基礎を学ぶ。しかしながら、レポートの書き方などは、実際に何かをしながらでないと、なかなか身につかないものである。私のゼミでは最終的にレポートの提出を義務付けているが、何かゼミの中で共通するタイトルを設ければ、学生たちも目標がつけやすいのではないかと考えた。同時に、学生の中にも地域の活性化について興味のある学生が多数おり、1年次から実際にそのような機会に触れさせたいと考えた。そこで、ゼミでの共通目標を地域活性化として、グループを作り、グループワークを実施して、提案をする、という形を作った。

とはいえ、これから大学での専門教育を学ぶ前の学生であり、また、半期という時間制約の中で、大きな課題に取り組むことは難しい。そこで、私は佐世保市の地域交通課の方にお願いし、秋に実施される「させぼ地域公共交通ふれあいフェスタ」において、1日乗車券購入の特典として配布されるマップについて提案させていただくというプロジェクトに取り組むことにした。

まずはどのようなマップを作成するかを、グループワークの中で話し合っても

佐世保市役所でのプレゼンの様子(1年生(当時)) 2017年8月8日。

佐世保市の観光ツアー
~坂道のアポロン~

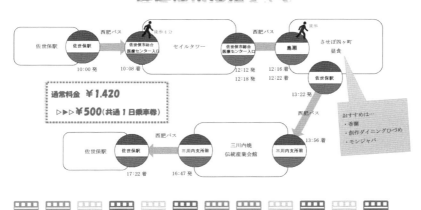

実際に学生が作成したプレゼン。

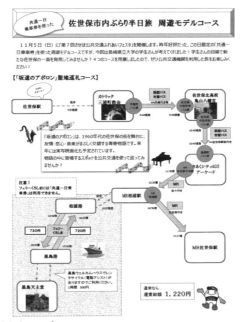

佐世保市によって配布されたマップ。

ゼミを通じた地域貢献プロジェクトについて　　179

らった。しかし、マップ作成というのは、現地、つまり佐世保市のことを知らなければならない。本学には長崎県出身の学生はもちろん、他県の学生も多く存在する。そこでマップ作成のために、ゼミでフィールドワークを実施し、佐世保市内にどのような観光スポットや飲食店などが存在するかを、確認した。フィールドワーク実施については、各自課外活動時間中にお願いすることとして、それをグループワークで寄せ集め、マップ作成に活用していった。しかし、単にマップを作るだけでは意味がないので、ターゲットを絞り、それに合わせたマップの作製をするように指導をした。

　最終的に2017年8月に佐世保市役所にてマップのプレゼンを実施した。マップについては実際に採用していただき、同年11月の「第7回させぼ地域公共交通ふれあいフェスタ」において、配布していただいた。

(3)2年生の取り組み

　2年生の「基礎演習」は通年科目であり、1年という時間が確保されている。その点では1年生と比して時間的な制約には余裕が存在する。その中で、2年生は大学のすぐ近くを走る松浦鉄道に着目し、本学の広告列車を走らせることを目標として、グループワークに取り組むこととした。

　広告というからには、ターゲットを設定する必要がある。現状として同線では沿線に多くの高校が存在し、その通学客も多数存在するために、高校生をターゲットとして本学への興味関心をもってもらうことを目的とした。そのために、松浦鉄道においてフィールドワークを実施し同社の現状から広告費のことやアドバイスなどをもらいつつ、さらに、本学の魅力などについてもディスカッションした。

　最終的に2018年2月に本学の担当課へプレゼンを実施した。しかしながら、金銭上の費用がかかることなどから実現には至らなかった。

(4)3年生の取り組み

　2017年度に私が担当した学生は、実は経済学部経済学科の学生である。3年

広告列車を走らせよう

実践経済学科2年　鶴指ゼミ

広告内容　案

◆　「しまなび」プログラム

◆　企業インターンシップ

◆　海外ビジネス研修

◆　県内生の入学金が安い

実際に学生が作成したプレゼン。

から継続して4年まで同じゼミであるため、2年間という比較的多くの時間が確保できる。しかしそのような状況下でありながら、実際には就職活動や卒業論文などがあるために、それほど多くの時間は確保できないことになる。しかしながら、彼らはゼミ以外の時間もディスカッションするなどして多くの時間を費やして課題に取

佐世保市交通局の見学の様子(3年生(当時)) 2017年5月31日。

佐世保市交通局の見学の様子(3年生(当時)) 2017年5月31日。

佐世保市役所でのプレゼンの様子（3年生（当時）） 2017年11月15日。

り組んだ。

　その3年生が取り組んだプロジェクトは、大学生や短期大学生をメインターゲットとした、佐世保市の公共交通の利用促進施策についてである。この課題としては本学を退職された先生の取り組みを継承した形になったが、学生たちの希望もあり、ほぼ0からプロジェクトに取り組むことになった。

　プロジェクトを進めるうえで、公共交通の現状について知る必要があるため、実際に佐世保市役所と佐世保市交通局においてフィールドワーク調査を実施した。調査結果をもとに、佐世保市役所にて2017年11月に中間報告を行い、アドバイスをいただいた。

　そして、3年生を主体に開催される、学内ゼミ討論会でも発表を実施し、これまでのゼミ内発表なども重ね、より提案の内容に磨きをかけた。また、ターゲットが大学生ということで、ときに他の先生の授業の時間を拝借し、アンケート調査及び分析を実施してきた。

学内ゼミ合同発表会の様子（3年生（当時））　2017年12月23日。

公共交通の活性化
～佐世保市へのバス利用向上施策提案にむけて～

鶴指ゼミ

バス利用に関するアンケート（平成29年）

	回答者数	比率
運賃の値引き	198	77%
等間隔の運行等わかりやすいダイヤ	70	27%
遅れの少ない正確な運行	96	38%
バス停の待ち空間の改善	51	20%
バスと鉄道の共通定期券	40	16%
その他	29	11%
アンケート回答者数	256	

まとめ

	案A	案B
公平性	○	×
実現可能性	△	○
目立ちやすさ	○	△

以上のことより、案A＞案Bという結果を得ることができた

　最終的に、2018年2月に佐世保市役所にて提案のプレゼンを実施した。しかしながら、運賃に関する提案になったため法令上なかなか厳しいところもあり、また、中心部の商店街の活性化を含めた内容で、様々な箇所との調整も必要であり、2018年12月現在も実現に向けて、各所と調整をしているところである。

(5) 各学年の取り組みから学んだことと今後の課題

　本章では各学年の取り組みについて紹介してきた。それぞれの学年で学生は課外活動にもわたるグループワークを実施してきた。しかしながら、1年での取組結果ではあるが、やはり現実問題を考えると、さまざまな制約から提案の実現は難しいことを感じた。とくに、予算や法律など制度上の制約があるものは、かなりハードルが高くなる。私は基本的に単年度で実現をすることを目標としてきたが、時間をかけて、中・長期的にハードルを突破し、実現するのであれば、この上ない喜びである。しかし、やはり短期的な実現可能性—学生には限られた時間しかない—を重視すると、プロジェクトの可能性や拡がりが縮小してしまうが、予算や制度上の問題に触れないような、より容易な課題設定が必要であると感じた。予算については、さまざまな補助制度などを利用し、ハードルを突破できるかもしれないが、限られた時間制約のうちで教育と研究に私自身が効率的な時間の配分をしなければならないこともあり、今後の課題である。

　また、正直なところ学生間でプロジェクトに対しての温度差はあった。これはさまざまな事情を抱える学生も居るので、やむを得ないことではあるが、今後どう学生のモチベーションを高めるかも、課題である。

5. おわりに

　地域と連携して何かを実施すると言うことは、大学教員としては大変難しいことではないかと考える。私の専門分野である交通でも、私のように地域をフィールドとする研究者もいれば、よりマクロ的な視座から分析する教員もいる。たまたま私の研究分野が地域とのかかわりをもつことができたので、プロジェクトの実施に至れた。加えて、大学教員は教育と研究という2つについて、時間制約下での最適な時間配分をするという課題に直面している。

　また、いざ私のようなプロジェクトを実施したいと考えても、教員としては、正直誰と何をして良いかは迷うところである。また、学生もその気があったとしても、行動に移せないのではないだろうか。一方、地域の公共団体や企業の皆さんも、大

学との連携を考えていても、実はその一歩が踏み出せない、あるいは、どうしたらよいかわからずにあきらめてしまうことがあるかもしれない。そして結局は、双方が気持ちで終わってしまうのではないかと思う。そのような状況を解消するためには、例えば双方をマッチングする、何らかの組織の存在があれば、と考えている。そのような組織の意味は、多くの取引を一つの束にするという点で、あらゆる意味での、プロジェクトを実施したい教員と地域の公共団体や企業のコスト低下や効率化につながることが期待できる。また、学生のモチベーションについて言及したが、同時に提案する先のモチベーションも高くないと、プロジェクトの実現は難しいのではないかと考える。たとえこちらからラブコールを送ったとしても、先方で拒絶されては、プロジェクトは水泡に帰する。そのような、いわば情報非対称性も、マッチングする組織があれば解消されるかもしれない。

　多くの大学でPBL（Problem-based Learning；問題発見解決型学習）授業が実施されているということを耳にする。私が実施してきたプロジェクトもPBL、ないしはそれに類似する取り組みではないかと考える。プロジェクトは、もちろん、地域貢献に資するものであるが、私としてはそれ以上に学生の今後の活動にも貢献すると考えている。学生における、近い将来の最大イベントは就職活動である。そこで大学時代の一つの話の種として、プロジェクトが活用されることを教育者として祈っている。プロジェクトには学生にとって（もちろん、提案先にとっても）莫大な時間、労力、場合によっては金銭的な支出を伴うものである。しかし、それを上まわる見返り（便益）が期待できるだろう。さらに、学生のディスカッションを聞いていることが、私の教員としての最大の楽しみである。2018年度もとりわけ3年生において、佐世保商工会議所の方とともに取り組んでいるプロジェクトが動いている。今後も引き続きプロジェクト活動を続けていきたいと考えている。

【謝辞】　本稿で紹介した各プロジェクトは、地域の皆さんのご協力がなければ実施できませんでした。とりわけ学生に熱心に指導をしてくださいました佐世保市役所の皆様、佐世保市交通局の皆様並びに松浦鉄道株式会社の皆様にはこの

場を借りて厚く御礼申し上げます。

参考文献

竹内健蔵(2018)『交通経済学入門』(新版)有斐閣.

鶴指眞志・松澤俊雄[2013]「バス事業における公的役割に関する一考察」『経済学雑誌』第114巻第3号, pp.222-243.

鶴指眞志・髙橋愛典[2015]「オックスフォードのパークアンドライド ―古都への自家用車乗り入れ抑制の事例―」『地域・都市の総合交通政策 －都市圏構造の変化と交通の運営・社会資本整備のあり方についての研究－』第2章,日交研シリーズ A-618, pp.9-25.

鶴指眞志(2017)「長崎県における公共交通の現状と課題に関する一考察 －公共交通の意味と公的主体の役割及び近年の傾向に着目して－」『長崎県立大学論集』第51巻 第3号, pp.85-111.

鶴指眞志・松澤俊雄(2018)「自動車の保有に関する一考察 ―地域別における近年のデータに着目して―」『地域・都市総合交通政策の研究 -都市県構造の変化と交通の運営・社会資本整備のあり方についての研究-』第4章,日交研シリーズA-710, pp.37-65.

ゼミを通じた地域貢献プロジェクトについて　　189

大学で学ぶということ、地域を創るということ

公共政策学科　橋本　優花里

　なぜ、大学に進学するのだろうか。かれこれ30年以上前のことになるが、筆者が大学進学を志した時のことを振り返り、一言でまとめるなら、「専門家」になりたかったからである。普段から障害を持つ人に接する機会が多くあったため、障害の有無に関係なく、人にはその人にしかできない何かがあるのではないかという素朴な信念を抱いており、その「できること」を一緒に見つけていく支援の専門家を目指したのである。そして誰に相談するでもなく、当時の筆者の狭い見識から心理学か福祉かのいずれかの領域で学ぶのが良いと考え、最終的にある大学の心理学科に進学した。とは言え、高校の時代には2年間、交換留学生としてアメリカに滞在していたことから、帰国子女枠という入試制度を利用し受験戦争を知らないまま大学に入ったのである。つまり、基礎学力がほとんどないまま大学生になってしまったのだ。このために、学部の4年間の学びはとても辛いものだった。授業中に見聞きする言葉をほとんど理解できず、まるで言葉の通じない海外の国にいるような気持ちだった。

　では、大学入学後には猛勉強したかというと、そうでもなかった。「歌って踊れる専門家」になることを目標に、よく遊びよく学べという言葉通りの学生生活であった。ただ、「よく学べ」に関して言えば、専門の心理学にはとても熱心に取り組んだが、それ以外の教養と呼ばれる科目では大変いい加減であった。このことについては、今大変悔いているというのが正直なところである。基礎学力もないそし

て教養もないただの心理学バカ・・・とまでは言わないが、周囲が当たり前のように（時にはわが子でさえ！）知っていることを知らず、内心ヒヤッとすることも未だしばしばある。心理学以外の勉強も積んでおくべきだったと、心から反省している。

そのような筆者も、大学教員の職について20年近くが経つ。この間、自身は何をやってきたのかを振り返ってみると、当初目指した「支援の専門家」としての仕事はそこそこで、「支援の専門家」となる人材を育ててきた部分が大半である。今、その人材は各地で根を張り、地域づくりに貢献している。私一人でできることはごく限られているが、人材を育てることでより多くの地域の力を生み出すことができたのではないかと感じている。私が病院に勤めて支援するよりも、例えば、育った10の人材が10ヵ所で支援するほうがよっぽど地域のためになるだろう。教育の素晴らしさはこういうところにあるのかと思う次第である。

本章は、大学においてある意味偏った学びをしてしまった筆者の自戒の念から、皆さんの未来の学びをより豊かにするためのツールを提供するものである。まず最初に、大学と専門学校の進学率のデータを見ながら、なぜ多くの人が大学を目指すのかを考えていく。そして、大学生活は多くの面で高校とは異なることから、何が違うのかを比べたうえで、大学生での学びに必要なことを具体的にアドバイスしたい。最後は、筆者が現職で担当している教職課程（中学校、高等学校での教員を目指す人のための課程）での学生の挑戦を踏まえ、大学での学びが地域づくりにどのように役立つのかをまとめてみたい。これらを通じてみなさんには、自身がなぜ大学で学ぼうとするのか、そのためには何が必要なのか、そして学ぶことで何が変わるのか、本節を読み進めながら考えていただきたい。また、大学で学んだ皆さんが地域社会に出たときにどのような役割を担うべきなのか、ちょっと先の未来についても思いをはせていただければ大変嬉しい。

1. なぜ大学生になるのだろう？

今、どれくらいの高校生が4年制の大学に進学しているかご存じだろうか。ここで、進学率の統計が開始された1954年からの推移を見てみよう。図表1は文部

科学省から公表されたデータをグラフにしたものである（文部科学省、2018）。図表1より、1954年当時では10％を切っていた進学率も高度経済成長期を迎えた1960年代に10％を超え、70年代には20％と、10年ごとに10％ずつ上昇していることがわかる。その後20年間は20％台を推移したものの、90年代に30％を超えたのを境に、2009年に50％を超えるまでの間、急速に上昇を続けてきた。そして2018年現在においては53.3％と、2人に1人が大学へ進学していることになる。

図表1　4年制大学への進学率と専門学校への進学率の変化

文部科学省による2018年度の学校基本調査データに基づいて作成。

　読者の皆さんの中には大学進学を希望する人が多いと考えるが、皆さんはなぜ大学で学ぼうと思うのだろうか。図表1には専門学校の進学率も示したが、それは1900年代からほぼ横ばいである。なぜ、専門学校ではなく、大学へ進学するのだろう。筆者の所属する大学には、「キャリアデザイン」という将来設計を考える授業がある。この中で、「なぜ、大学で学ぶのか」ということについて、自由記述によるアンケートで意見を求めた。いろいろな意見が出されたが、最も多かったのが「将来の仕事に必要な専門的な知識を身につける」というものであり、「社会に出る準備をするため」「視野を広げるため」というような内容も多く見られた。その一方で「逃げ」「みんなが行くから」「高い給料を得るため」というような消極的な

記述が一定数あったのも事実である。前者のような回答は模範的ではあるが、後者のような考えも正直なところなのかもしれない。実際、将来について具体的なビジョンを持たないまま大学に進学してきている学生も少なくないのだろう。

　では、皆さんは大学ではどのような力が身につくと考えているだろうか。もちろん先のアンケートのように、そしてかつて心理学を学んだ筆者のように、ある専門領域を専攻することで、その領域特有の知識が身につくと考えるかもしれない。しかし、専門的知識は書物からも学ぶことができるし、専門学校でも十分に得ることができる。それなのに大学に行く理由は何か。もう少し深く考えてみよう。

2. 大学とはどんなところだろうか。

　なぜ、大学に行くのかを考えつつ、まずは皆さんが今目指している大学とはどのようなところなのかについて高校と比較しながら見ていくことにする。

　皆さんが在籍する高校には学校やクラスで掲げる目標があるだろう。このような生徒になってほしいということを、自主自律や友愛、あるいは礼節気品などの端的な言葉で明示したものが多いのではないだろうか。校訓と呼ばれているものもあるかもしれない。大学にもそういった目標と似たものがある。受け入れたい学生像や育成したい学生像を示した方針が、大学全体そして学部学科ごとに設けられている。前者をアドミッションポリシー、後者をディプロマポリシーという。アドミッションポリシーというのは、「こういう人物に入学してもらいたい」という大学側の希望である。したがって大学を選ぶときには、自分がその大学のアドミッションポリシーに合致した人物であるかを考えなければならない。そして、ディプロマポリシーは、そこに記載されている力を身につけた人に学位（「学術上、一定の能力または業績を示したものに授与される称号。学士・修士と博士とがある」(広辞苑、2018:469)）を授与するということを示したものである。つまり、その学部・学科を卒業できるということは、それらの力が身についたということになる。教員はディプロマポリシーに従って学生を教育し、学生はそれらの力が身につくよう自らも努力をしなければならない。進路選択の際には、アドミッションポリシーからその大学がどのような人物を受け

入れようとしているのかを、ディプロマポリシーからその大学を卒業すればどんな力が自分に備わるのかをそれぞれ読み取り、手がかりにすると良いだろう。

さて、大学に入学するとまず戸惑うのが、クラスや学級がないということではないだろうか。毎日皆が揃って同じ授業を受けることはなく、ホームルームもない。高校のように1時間目から6時間目まで途切れることなく授業が入っていることもなくなり、月曜日は1時間目からだが、火曜日は2時間目というように、登校の時間もまちまちになる。時間割は個人で異なるものになり、同じ学科に所属する者同士でも選択する科目が違えばやはり異なったものになる。ホームルームがないため、授業の教室の変更や授業の休み（休講という）あるいは課題（宿題）などについてはまとまった情報を得られない。そういった情報は友達伝いに得られることもあるが、基本的には大学内にある掲示板や大学からのメール等を見て知る必要がある。掲示板やメールによる連絡を見過ごすと、重要な情報が得られないことも多々あるのである。

授業科目には、「必修」「選択必修」「選択」と呼ばれるものがあり、所属学部・学科の指定に従って履修することになる。また、授業の種別には講義科目、演習科目、実習、実験、実技などがあり、専門教育以外にも教養科目や初年次教育科目（主に1年生が履修する科目）などの枠組みもある。これらの授業科目は先生方の専門に合わせて適当に配置されているのではなく、ディプロマポリシーに示された力を修得するために、学習内容の順序性や体系性を意識して編成されている。このような計画的な授業編成をカリキュラムと呼ぶ。

カリキュラムを図式化したものに、カリキュラムツリーがある。これは、カリキュラムの系統性（授業間のレベルや相互関連性）を視覚的に示すものである。このほか、カリキュラムマップと呼ばれるものが示されていることもある。カリキュラムマップは、ディプロマポリシーに示されているいくつかの力のうち、その授業がどれを特に重視して展開されているのかを示すものである。カリキュラムツリーやカリキュラムマップを把握することで、自分が学んでいる授業がどのようなレベルにあり、どのような力を育成しようとしているのかを意識することができるため、自らの学修の目

標を設定するのに役に立つ。

　しかし、大学での学びは授業科目だけではない。クラブ活動やサークル活動(同好会)、留学やインターンシップ、ボランティアなど、さまざまな課外活動がある。課外講座なども頻繁に行われているので、それらに参加するのも見識を広げる良い機会である。そして、多くの大学ではオフィスアワーという教員に授業等の質問を自由にできる時間帯を設けていることから、その時間を活用して教員と交流するのも良い。高校と違って自分と教員の距離を遠く感じることもあるかもしれないが、自身の興味や疑問を教員にぶつけることでその距離も縮まってくる。また、職員も疑問や質問に答えてくれるし、授業を選択する際の支援もしてくれる。ただ、いずれの場合でも礼儀やマナーには気を付けることが大切である。礼儀やマナーがわからないというときには、どうすればよいのかを教職員に尋ねてほしい。

　ところで、高校まではほとんど遅刻、欠席なく登校していたと思われるが、大学生になり、大学生活に慣れてくると、平気で遅刻、欠席をする者が出てくる。これから大学へ進学する皆さんには、1回の授業当たりのコストをぜひ計算してほしい。例えば、長崎県立大学の場合、入学料を除いて1年間の授業料が535,800円である。例えば、1年間で24の授業科目を受講したとすると、単純にその数で授業料を割り、さらに1科目当たりの授業回数である15で割ると、授業1回当たりの授業に支払う費用がわかる。そのことを把握したうえで、授業の出欠を考えていただきたい(もっとも、正当な理由以外で欠席しないのが当たり前ではあるが)。欠席の理由として「アルバイト」や「自動車学校」を挙げる強者もいるが、アルバイトであればお金を得ながら一方で授業料を捨てるというとても矛盾したことをしていることになるし(しかも、アルバイトのお金のほうが1回の授業料より安いだろう)、自動車学校であれば二重にお金を払っていることになる。先述のように、時間割は個人によって異なり、毎日の登校時間も異なることから生活のリズムがとりにくくなるかもしれない。しかしながら、一度リズムが崩れると取り戻すことが難しいことから、是非高校までの習慣を崩さず大学生活に臨んでほしいところである。そして、授業と授業の空いている時間については図書館の利用やサークル活動などで、有効活用をする術を探していた

だきたい。

　大学を卒業するためには、所属する各学部学科で定められた単位数を取得しなければならない。単位とは、一定の勉学あるいは学修の量を示す基準となるもので、授業科目ごとに単位数が決められている。授業回数は15回と定期試験を原則として行われ、1単位あたり、授業時間内の学修時間に加えてその授業の事前の予習・事後の復習を合わせて45時間の学修が必要であるとされる。つまり、1単位の学修には、授業に出席するだけでなく予習復習の時間までも含められている。大学では「単位を取得する」という言葉が良く使われるが、これはすなわち、ある授業で定められた条件をクリアすることでその授業の単位が付与されることを意味する。単位を取得するための条件は授業によって異なるが、毎時の出席、予習復習課題の提出、期末テストの成績などの複数が課される場合が多い。そして、単位が付与される他に、成績もつく。秀、優、良、可、不可などで評価され、先の単位付与の条件をどれくらい満たしているかによって異なる。可は単位が付与されるための最低ラインの成績であり、不可の場合には単位は付与されない。また、1回の授業ごとに前後の予習時間を確保するため、年間に履修できる授業科目数に上限を設けているところもある。なお、授業時間は大学によって異なるが、90分としているところが多い。

　こうやって見てみると、大学というところは高校までと違って、かなり自由度が高い。自由度が高いと言うととても楽なイメージかもしれないが、果たしてそうであろうか。楽をしようと思えばとことん楽もできる。しかし、学ぼうと思えば、そのチャンスはいくらでもあるのである。ひとえに皆さんが自らの学びに責任をもって臨めるかどうかというところにかかってくると言っても過言ではない。ただ、チャンスは向こうから転がってくるものではない。自分の目と耳で情報を集め、自らつかみにいかなければならない。では、大学がどのようなところかということを少し頭に入れた今、いかに学ぶかを具体的に考え、なぜ大学で学ぶのかの答えに近づいてみよう。

3.大学でいかに学ぶか

　冒頭で筆者がどのように大学生活を過ごしてきたかを話したが、そこでも述べた通り、自らの大学での学びについては大変後悔している。当時は「心理学の専門家になるのだから、心理学のことだけを一生懸命勉強すれば良い」と大きな勘違いをしており、専門科目以外の教養科目や初年次教育科目についてはほとんど勉強しなかった。できるだけ単位の取得が簡単な授業（単位付与の条件が甘い）を選び、臨んでいたように思う。数学も科学も歴史も、自ら学ぼうとしたらいくらでもチャンスがあったのに積極的に授業に関わることをしなかった。手を伸ばせばそこにあったのに手を出すこともしなかった。もちろん、当時の時事問題にも関心はなく、社会のことを知ろうともしていなかった。しかし、年を重ね、子どもが生まれ、そして仕事柄いろいろな人とかかわる必要が出てきた現在、自身の知識のなさに愕然とすることが多々ある。私が避けてきた数学も科学も歴史も、今の私の周りには何も準備されていない。一から自分でその勉強方法を探すところから始めなければならないのである。そしてさらに後悔するのは、大学時代には大学が教養に必要な授業をそろえ、その道の専門家が知識を提供してくれるという恵まれた環境にあったにもかかわらず、それに気づかなかったということである。

　ここまで「教養」という言葉を頻発してきたが、読者の皆さんは教養をどのようなものだとお考えだろうか。教養という言葉は扱う文脈によってとらえ方が異なるように感じるし、個人が持つイメージもさまざまであろう。辞書を引いてみると、「学問・芸術などにより人間性・知性を磨き高めること。またそのことによって得られる知識や心の豊かさ。その基礎となる文化的内容・知識・ふるまい方などは時代や民族に応じて異なる」（大辞泉、2000：772）と書かれている。また、「学問、幅広い知識、精神の修養などを通してられる創造的活力や心の豊かさ、物事に対する理解力。またその手段としての学問・芸術・宗教などの精神活動」そして「社会人として必要な広い文化に関する広い知識」という説明もある（広辞苑、2018：700）。いずれにも共通するのは、教養とは、社会生活に必要な学問、芸術等の知識とそれらに基づいた広い見識や姿勢といったところだろうか。

そうすると、教養教育とはそのような知識を教授するものであると考えらえるが、知識の幅にも多様な見解がある。教養教育の歴史をさかのぼれば古代ギリシャにその発祥があると言われており、リベラル・アーツと呼ばれる文法、修辞、論理の3つの学と、数論、幾何、天文、音楽の4科目による自由7科が基本であると考えられている。しかしながら、社会のグローバル化や情報化が急速に進むにつれ、それらの変化に柔軟に対応し、多様な人々と共に生きる力を教養教育の中で育み培う必要性が強く求められるようになっている現在においては、リベラル・アーツに縛られない新たな教養を考えていく必要があると言われている（日本学術会議／日本の展望委員会知の創造分科会、2010）。新たな教養がどのようなものなのかについてもいくつかの考え方があるが、文理融合ということが共通に指摘されているほか、数十年後にも役立つ内容をしっかり検討することが求められている。具体的には、分析的・批判的思考力、自己を振り返る力や言語や情報に関するリテラシー、コミュニケーション能力をベースにして日常の場面でそれらを実際に活用・実践するだけでなく、社会に関する課題や問題に広く携わり、社会の一員として社会に積極的に参加していくための力などが挙げられる。各大学においては、それぞれの特色を持った教養が展開されているし、学生にはそれらを積極的に学ぶことで、専門に閉じない開かれた知を創造していくことが求められているのである。

　以上のことから、「教養」をしっかり身につけることが、大学の学びに必要であるということがお分かりいただけたであろうか。さらにもう一つ、大学の学びに必要なことを挙げるとすれば、自律的な学習を身につけることである。前節の「2. 大学とはどんなところだろうか」の内容を思い出してほしい。大学は選択の幅が広く、自由度が高いという特徴があるというのは先に述べたとおりである。自由度が高いからこそ、自らを律して学習を遂行する力が必要になる。

　自律的な学習とは、学生自身が目標を定め、その目標に向かって計画し、その計画の実行を評価しながら、計画の更なる実行あるいは改善を行うことである。いわゆるPDCAサイクル（PはPLAN（目標、計画）、DはDO（実行）、CはCHECK（評価）、AはACTION（改善）を意味する）を自身の学習について確立するのである。そして自律的

な学習には、(やれば)できるという自己効力感や学びへの動機づけ、自身が得意とする記憶法や考え方、勉強方法、さらには気持ちをコントロールする方法を把握・実践する力のほか、自らの学習状況をモニタリングし調整ができる力が必要になる。もう少し具体的に言えば、ある課題に取り組む際に、それについてわかっていることと調べなければいけないことを整理でき、締め切りに向かってどのように作業したらよいかを計画するとともに、自身が得意とする作業方法を採用・完成し、計画通りにいかなかった場合には調整をする力である。大学での学びでは、これらの力を駆使しながら自律的に学ぶことがとても大切になる。

　自律的な学びということを大学での授業の中で考えてみよう。高校までは何をどう学んでよいかというのは先生から伝えられることが多くあるに違いない。授業の重要なところ、覚えるべきところ、板書としてノートに写す場所など、種々の指示を受けているのではないだろうか。しかしながら、大学ではそのような指示がいつでもあるわけではないし、何が重要なのか、どこが役に立つのかは、自分自身で考え取捨選択しなければならないことのほうが多い。また、高校までのテストや入試問題のように必ず正しい答えがあるような問題や課題が課されるとは限らない。むしろ正しい答えというのはなく、その答えを導き出したプロセスや根拠を問われるような場合も多々ある。こうした状況においては、自らの考えをサポートするために自らが能動的に調べ、他者を説得するためにはどうしたらよいかについて工夫を重ねる必要がある。

　自らが考え、答えを導き、根拠と共に明示することを求める教育方法に、アクティブ・ラーニングというものがある。今、大学教育の多くの場面で導入されているが、すでに読者の皆さんの中でも中学校や高等学校で経験した人がいるかもしれない。アクティブ・ラーニングとは、「一方向的な知識伝達型講義を聴くという(受動的)学習を乗り越える意味での、あらゆる能動的な学習のこと。能動的な学習には、書く・話す・発表する等の活動への関与と、そこで生じる認知プロセスの外化を伴うもの」である(溝上、2014)。ここでいう「話す」「発表する」という活動は、グループワークやプレゼンテーションに代表されるものであり、それらの活動のプロ

大学で学ぶということ、地域を創るということ　　199

セスや結果を改めて書いたり話したりすることが外化である。

　筆者自身、担当する授業でアクティブ・ラーニングを展開している。例えば、ある非常勤先の大学の教養科目「障がいと社会」という授業では、さまざまな障害についてグループで調べるとともに、その支援の方法について考えて発表することや、「障害」と「障がい」の表記のどちらが良いと考えるかなど、答えが定まらないテーマのディベートを行ったりしてきた。いずれの場合もグループ内で調べる内容の担当を決め、期日までに調べた内容をレポートにまとめるとともにグループ内で共有し、議論し、発表や意見を作り上げていく作業が課されている。また、長崎県立大学の特色ある科目の「長崎のしまに学ぶ」では、グループに分かれて離島の現状を学ぶことで課題を自ら見出し、その解決方法を考えていく。アクティブ・ラーニングでは、何をどのように調べ、根拠として何を持ってくるかは自分次第であり、自身がどれだけ能動的に考え積極的に調べられるかが大きなカギとなる。決められた時間内でどれくらいのことができるのかも併せて考えながら、自律的に学習することが重要なのである。

　ここまで読み進めてきて、大学とはなんと大変なところなのだろうかと思い始めているかもしれない。もしかしたら、これまで家族あるいは友達から聞いてきた大学生活とはずいぶんかけ離れたイメージだと感じている人もいるだろう。その感覚はある意味正しい。大学は、かつての姿から変化している。ごく限られた人だけが進学していたころと比べ、多様なニーズを持つ学生が入学してくるようになった。また、社会情勢も変化している。以前は卒業した学生を社会の中でゆっくり育てていく余裕があったが、グローバル化や少子高齢化、情報化などの社会構造の変化や労働市場や産業・就業構造の流動化によって将来を予測することが困難になった現代においては、大学を卒業した時点で変化に対応し、自ら生き抜く人材、生涯学び続けることができ、主体的に考える力を持った即戦力が求められているのである。このような力は社会人基礎力とも呼ばれており、大学の在学中に身につけるべき力として理解されていることから、大学では先述のアクティブ・ラーニング等の手法を通じてその育成に力を注ぐようになっているのである。

この節では「大学でいかに学ぶか」について、2つのことを挙げた。一つは専門以外の教養を積極的に身につけること、そして自律的に学ぶ力を身につけることである。専門的な力はもちろんのこと、それに閉じない力を大学の間に身につけてほしい。それがきっと将来の皆さんの役に立つだろう。次の節では、専門以外の学びにまい進する学生の様子について、筆者とかかわりの深い教職課程を例に紹介したい。

4.なりたい自分になるために—教職課程での挑戦

前職では心理職を目指す学生を育てていた筆者であるが、今は、教職課程という中学校、高等学校の教員を目指す学生のための授業を担当し、教員という教える専門家の育成に携わっている。教職課程に在籍する学生のすべてが教員になるわけではないが、教職課程で得た知識やスキルを種々の教える場面に生かせる人材を広く育てたいと考えている。そのような中で、筆者が着任する前から教職課程の要として「教員の卵づくり」にご尽力されてきた蛭川誠嗣先生には、人生の先輩として、教員の先輩として、人と丁寧に関わることの大切さを教わった。そして筆者自身、教育学部ではない学生たちが教員免許状の取得や教員採用試験を目指して奮闘する姿を目の当たりにし、その頑張りを少しでも支えようと蛭川先生と共に努力してきた。ここでは、本学の教職課程の学生の学びについてまとめるとともに、これから大学を目指す皆さんへのエールとして、蛭川先生と本学教職課程卒業生そして在学生からのメッセージを送りたい。

（1）本学の教職課程の特色と学生の姿

多くの大学でも同様であるように、本学には教育学部はないが、教員の免許状が取得できる。取得できる免許状の種類は、学部学科によって異なる。例えば本学の地域創造学部公共政策学科では、中学校社会1種免許状と高等学校の地理・歴史および公民の1種免許状の取得が可能である。ただ、あくまでもメインはそれぞれの学科の専門科目であるため、所属する学科のカリキュラムに沿った履修をしながら、教職課程に設けられた科目を余分に履修する必要がある。した

がって履修する科目はとても多くなり、時間割がぎゅうぎゅうになることもしばしばである。

　本学の教職課程には、教員の免許状を取得するだけでなく、教員になることだけを目指して4年間を過ごしている学生が一定数いる。さまざまな事情で教育学部に進学しなかった学生たちであるが、教員になりたい気持ちはとても強く、熱い。教員免許状の本来の意味を考えれば当たり前のことであるかもしれないが、それでも免許の取得のみが目標となっている学生が多い中で、彼らの努力はひときわ目を引く。早い者は2年次から教員採用試験の1次試験に合格するための勉強を独自に始める。教員採用試験は4年次の7月頃行われることが多いため、約2年間、コツコツと知識を積み重ねていくのである。ただ、教職やその免許状の専門科目（本学でいえば、地理や歴史、公民）に関する知識さえあれば良いかと言えばそうではない。2次試験ではグループや個人による面接、小論文、模擬授業などを行わなければいけない。特に模擬授業では、与えられた授業内容について即座にまとめ、求められる部分を授業として展開していく力が評価される。例えば、「律令国家の成立と平城京」という授業題材が与えられた場合、律令国家の成立過程について考察させるとともに、国と地方の支配を理解させる指導が求められる（平成30年度宮城県公立学校教員採用候補者　第2次選考「模擬授業」課題一覧より）。受験者はこのテーマに沿って限られた時間の中で（数十分程度）構想を練り、数分間（5分程度）の授業をすることになるのである。そのためには、その授業題材の知識のみならず、生徒の興味関心を引き付けるスキルや工夫も必要となってくるだろう。教員採用試験について少しだけ触れておくと、その合格率は極めて低い。採用県によっても異なるが、中学校社会だと10名前後、高校になると数名といったところが多い。非常に狭き門になってくるからこそ、教員を目指す者の努力は大変なものである。

　本学では、教育学部のように教育に特化した内容を多く提供することができないことから、学生自身も教育に関する知識や実習による経験が少ないと感じているようである。しかしながら、専門的知識の面から言えば、教育学部にないアドバ

ンテージもある。各教科内容に関わる広くて深い知識を、それぞれの学科の専門科目から学ぶことができるため、より広い視野で授業を展開する力を身につけることができるのである。

そして、実習の少なさについては、本学では授業内外での独自の取り組みによって大学全体で支援している。まず、授業内では、1日のみであるものの、教職課程の3年生全員を近隣の中学校に派遣し、朝の挨拶運動、校門指導から朝会、1時間目の授業参観を行っている。学生自身も数年前まで中学校や高校に通っており、授業も受けてきているわけではあるが、その時はあくまでも授業を受ける側であり、授業をする側としての視点は持ち合わせていない。そこで、まずは教員の視点から学校を経験してもらおうというわけである（図表2）。訪問後のまとめには、挨拶運動の意義や教室の掲示物の意味、あるいは授業上の工夫などについて、生徒ではなく、教員の立場から学んだことが多く書かれてあり、数時間の経験の中から多くのものを得ている印象を受ける。授業外の取り組みとしては、「学習支援ボランティア事業」があ

図表2　学校訪問のスケジュールを終え、学んだことをメモからまとめる学生。

図表3　模擬店出店の様子。

大学で学ぶということ、地域を創るということ　　203

る。これは、蛭川誠嗣先生が始められたもので、本学の近隣の中学校に有志の学生を1週間に1回、半日程度、1年間派遣する事業であり、3年生を対象とする。毎年10数名の学生が参加している。イメージとしては先の学校訪問の延長版であるが、派遣期間が1年と長いため、教師の役割や学校行事の進行などを時間軸に沿って経験できる。教室内での学習支援の他、教員の補助、学校行事の補助など、1年を通じた学校の変化を見ることができる。教員を目指す学生のほとんどがこの事業に参加し、4年次に行われる教育実習前の準備運動をしている。また、行事の企画、立案、そして運営等に関するスキルを向上させるために、新たに始めた取り組みとして大学祭での模擬店の出店がある（図表3）。まだまだ試行錯誤の域を脱しないが、次の学年へ引き継がれていくことで一つの大きな力として育っていくところを期待しているところである。

（2）大学進学を目指す皆さんへ

先述のように教職の学生は、専門以外の学びを自ら進んで行っている。教員採用試験に向けた勉強も学習支援ボランティアへの参加も、すべて学生の任意である。教員になりたい（あるいは教員免許を取得したい）という強い動機づけが後押ししているのかもしれない。そういった意味においては、学びに対する動機づけはとても重要であると言える。ただ、読者の皆さんの中には大学での学びに消極的な人もいるだろう。ここでは皆さんの学びへの動機づけの一助となるべく、本学の教職課程を長らく支えてくださった蛭川誠嗣先生からのメッセージと、夢をかなえるために努力した現役学生と卒業生からのメッセージをまとめるとともに、大学で学ぶ意味についての答えへとつないでいきたい。

蛭川先生からのメッセージ　本学の教職課程に在籍する学生が口をそろえて言うには、「授業での蛭川先生のお話は素晴らしい」ということである。筆者自身講義を受けたことがないため、どのように素晴らしいのかについて具体的に分からずにいたが、本章執筆を機会に蛭川先生が教育についてお考えのことや学生に何を伝えたいと思われているのかをお尋ねしてみた。以下の話は教職課程に限らず、大学進学を目指す皆さんにきっと勇気を与える内容だと思う。

まず蛭川先生にお尋ねしたのは、教員を目指された理由である。蛭川先生は、教育学部ではなく工学系の学部を卒業され、教員の免許を取得し、教員採用試験も受けたものの、当初は専門技術を生かして郷里から離れたところで船を作る会社に一般就職をする予定だったそうである。しかしながら、卒業を間近に控えた時にご家族が病に倒れられたことから郷里に帰る道を模索していたところ、教員の採用通知が届き（現在、採用通知は秋に届くが、かつては年度末の教員の異動に合わせて届いていたとのことである）、長崎県の教員になられたということであった。その時に蛭川先生が思われたのは、船づくりが面白いのだから、人づくりもきっと楽しいだろうということであったそうだ。それから数十年にわたり長崎県の中等教育を牽引された蛭川先生であるが、教育学部出身ではないという気持ちから現場では他の人以上に一生懸命努力することを心掛けられたとのことである。そういった意味で、教育学部ではない本学の教職課程の学生には非常に近しさを感じるとのことであった。教師になって良かったことは、船づくりもそうであるが、一つ一つを綿密に積み上げることで、作り上げた時の達成感がとても大きいということだそうだ。特に中学校では3年間という短い期間で生徒の成長を見ることができる。それが大きな喜びになるとのことであった。

　以上のほか、蛭川先生には、教師になって取り組んだこと、教育に対する信念、本学の教職課程への想いやこれから大学で学ぶ皆さんへのメッセージなど多岐にわたってお話を伺った。以下、非常に印象的であった内容をまとめてみたい。

「愛」が教育の信念であること　教師としての信念は「愛」である。愛には、人間愛、自然愛、郷土愛などさまざまなものがあり、多様な愛を分かち合いそして自身も求めていくことができるような人材を育てることが大切である。そして、教育においては「愛」を常に頭の中に入れて行う必要がある。

物を大切にすること　物を1回だけ使うことは当たり前であるが、2度、3度使うことができることにその人の実力がある。以前旅したドイツでは、「無理、ムラ、無駄」を省くことを徹底的に行っていた。何事も無駄にせず、次の使い方を考えて使うことが大切である。物を大切にできる人は、人も大切にできる。

人を大切にすること　相手は自分の鏡である。自分が相手にしているようにしか人は自分にしない。相手を温かく感じれば、自分が相手に温かく接しているということであり、逆に冷たく感じれば、自分が冷たくしているということである。人を大切にすることは、巡り巡って自分を大切にすることにつながる。

多くの体験・出会いをすること　多くの体験や出会いは、その人を作る。大学での4年間、そしてその後の人生においても多くの体験、出会いをしてほしい。そして自分の生まれ育った家族や故郷、そして自分自身を一歩外から見ることで周りに感謝する気持ちに気づいてほしい。

　蛭川先生は、仕事や趣味を通じてたくさんの人との出会いをなさり、その人々がご自身を作ってくれたという感謝の念を常にお持ちとのことであった。このことが蛭川先生の含蓄のあるお考えに大きな影響を与えていると感じた。そして、お話を伺う中で人や物という自身の身の回りに礼を尽くす姿勢が、蛭川先生の心柱ではないかと感じた。また、蛭川先生は自身の体験や気持ちを「語れる」人間になることが大切だともおっしゃっていた。学生たちが先生のお話を素晴らしいと耳を傾けるのは、その内容が経験や実践に裏打ちされたものであり、実のあるものであるからこそだということがわかった。

　最後に、人を作るということと、地域・社会を創るということについて、先生のお考えを聞いてみた。その答えは、人を作ることは地域・社会を創ることの基礎であるとのことであった。人を作ることは点であり、それがつながることで線ができ、線がつながることで面ができ、そこに高さが加わることで立体になり、動いていく社会になるということである。教育とは、地域・社会づくりの基礎であるという言葉に、今後も教育に携わるであろう私は大きな勇気をいただいた気持ちになった。

教職課程の卒業生・在学生からのメッセージ

4年生より

　　私は、長崎県立大学に入り、教職課程を通常の授業と並行して取り組みました。周りの人より多く単位を取らなくてはいけませんが、教職課程では福祉実習や学習支援ボランティアなど、教育現場の方や社会人の方々と多くの関わりを持つことができたため、人間としての幅が広くなったと自負することができました。そして、社会性や表現性などといった、これから生きていくうえで必要な力を養うことができるため、教職課程をとることは、自分自身にとってプラスになるに違いありません。

　　現在、高校社会科教員を目指しています。もともと、教員になりたいと強く思っていたわけでもなく、高校教員となると狭き門だと知っていたので半分諦めていましたが、教職課程での経験や出会いが今の私を動かしているのは間違いありません。そして、教職課程を取り本当に良かったと卒業と同時に思えるようになりました。

　　皆さんの先輩として、長崎県立大学での生活が有意義なものになることを願っております。(長崎県出身)

私は、高校の時から教員を志望しており、教育学部を目指していましたが結果が出せずに後期試験で長崎県立大学に入学しました。

　はじめは、社会科の教員になることについて興味はありませんでしたが、教職課程を履修する中で社会科の楽しさを見つけることができ、教育実習を通して生徒に授業をするうちに、社会科を通して生きる力を育てたいと思うようになりました。

　長崎県立大学の教職課程は、先生方、学生同士の距離が近くアットホームな雰囲気で質問もしやすく、様々な目標をもった学生が集まっており、多様な視点から教育について考えることができるだけでなくそれぞれの夢を応援しあえます。

　長崎県立大学での4年間を振り返ると、ゼミでのフィールドワーク活動やサークル活動、市内の中学校での学習支援ボランティア活動など充実した日々を過ごせたと感じています。また、自らの夢や目標をあらゆる面からサポートしてくださった先生方や友人に出会えたことは一生の宝物です。

　卒業後は夢であった教員として働くことになりました。努力すれば夢が叶うことを実感したので、今後はこのことを生徒に伝えていきたいと思います。

（長崎県出身）

卒業生より

　私が教員を志望した理由は、小学生の頃から地図帳や図解を読むほど地理が好きであり、教員になればその面白さや楽しさを無数の人に伝えることができると考えたからです。

　大学では私が大好きな地理に関連する講義は勿論、教職課程に関わる授業も数多く受講しました。大学では自主的な学習が自ずと必要になります。私は学習支援や中学校での学習ボランティアを通じて、文献調査では決して得ることができない現場の実情や多様な生徒の存在を目の当たりにしました。その中で、「地理の面白さをすべての生徒にどのように伝えるか」ということに重きを置き、学問としての地理の研究と人を育てる教育分野の学習を両立して行いました。

　私は現在販売業に従事していますが、学習支援を通して個性豊かな生徒と触れ合ったことでコミュニケーション能力を磨くことができ、その能力がお客様に対して生かされています。また、ボランティアでは通級教室での授業にも携わり発達障害を持った生徒とコミュニケーションをとることで外見のみでは分からない性格を認識し、職場でもそのようなお客様に対して適切な応対ができるようになりました。

　長崎県立大学の教職課程は、各学部の通常講義と両立して受講する必要があるので、授業数が受講していない学生と比較して多くなりますが、その代わり教育学部とは違い一般の講義から得られたことを教職で活用することができるので、多様な考えを持った上で学習に臨むことができます。自分が得意とするものに磨きをかけ、それを教職課程で実践できるところが教育学部にはない特色と感じていますので、皆さんが長崎県立大学の教職課程を受講し、多様性を兼ね備えた教員になることを期待しています。(長崎県出身)

現代の社会は、グローバル化や情報化などにより社会が目まぐるしく変化する時代です。このような時代を生き抜いていくためにも社会科という教科の果たす役割が大きいと私は感じています。そこで社会科への興味・関心を持った人材の育成をしたいと考え、教員を志望しました。

　そのために大学4年間では、大学の講義で教育に関する知識を、教育実習や学校支援ボランティアで実践力を学びました。また、教育本の購読やセミナーへの参加を自主的に行い、大学の講義では学ぶことができない知識や実践力を学ぶことができました。

　今年の4月から現場に出て、大学で学んだことが多く役立っていると感じています。例えば、生徒指導です。実際の場面を想定しながら講義を受けることで、現場に出た際にも対応することができました。また、生徒の背景に配慮しながら指導にあたることも大学の講義の中で学んでいたので、現場でも活かすことができました。

　長崎県立大学に教育学部はありませんが、だからこそ学べることがあると思います。教育学部がないことをマイナスに考えるのではなく、プラスに考えてみてはどうでしょうか。「教員になりたい」。その気持ちだけはずっと持ち続けてください。そして様々なことにチャレンジしてください。皆さんと一緒に生徒たちを教育していける日を楽しみにしています。(宮崎県出身)

5. 最後に

　本章の執筆にあたっては、主にこれから大学を目指す読者の皆さんに、大学での学びがより充実したものになるためのアドバイスをするつもりで、そして昔の何も知らない筆者に教えるつもりでその内容を精査した。大学がどのようなところなのか、そして大学での生活を豊かなものにするためにはどのような心構えで臨めばよいか、少しは理解いただけただろうか。また、大学で学ぶ積極的な意味を見出すことができただろうか。そうであれば、本章の目的は達成されたと言える。

　大学生として最大限の力を身につけるためには、自身の努力や心構えが重要であることは本章で述べたとおりである。大学に入ることは目的ではなく、手段である。皆さんがどのような大学生活を送るかが、卒業後の皆さんの人生に大きくかかわってくる。自身がなぜ大学に行くのかを今一度立ち止まって考え、大学での学びをどうするかについて確かな目標を持っていただきたい。そして、目標を達成するべく、それに向けた具体的な計画を立ててほしい。目標はできるだけ細分化し、一つひとつ達成できる形にするのが良い。計画の実施にあたっては、計画がうまくいっているかどうかのモニタリングをすることが大切である。このような作業を通じて、自己を調整し、自律する力を育てていくことができれば、皆さんの大学での学びはより広く、深いものになるだろう。

　日本にはたくさんの大学があり、それぞれが特色を持っている。地理的、経済的、あるいは学力的な制約などがあり、選ぶ大学には限りがあるかもしれない。しかしながら、たとえ本意ではない進学であったとしても、その中での取り組み方いかんによって新たな道が開けてくることは、学生からのメッセージで読み取ることができたのではないだろうか。

　大学は自由度が高いがゆえに、個の姿勢や意識、力が試されるところである。ただ、誰しもが最初からそれらを身につけているとは限らない。もっと言えば、4年間の学びの中で身につけることができればいいのである。そして、それらの力は自分の努力だけで身につけるものでもない。そのために教員や職員がいるのである。豊富な資源と人材を備えた大学という恵まれた環境にいることをしっかり自

覚し、自らの未来に向かって学びを伸ばしてほしい。

　大学で4年間学ぶ意味……これについての答えはさまざまなであるが、筆者の思うところをいくつか述べるとすれば、一つには整った環境で多様な学びができるということである。専門にとどまらず、より広い学びを自ら手繰り寄せてほしい。そしてもう一つには、いわゆる勉学以外の経験ができる時間がたくさんあるということである。自由な時間をどう使うかは皆さん次第であるが、毎日特に意図なく家でゴロゴロして過ごすというようなことにはなってほしくない。蛭川先生もおっしゃっていたように、いろいろな人と出会い、多くのことにチャレンジしてほしい。皆さん自身の大学で学ぶ意味をしっかり作り上げてほしいと思う。そして、教育が地域、社会づくりの基礎であるならば、大学で教育を受ける皆さんは、地域・社会づくりの要となる存在である。大学卒業後には、それぞれの地域・社会で活躍できる人材となるよう、学びの時間を大切にし、たくさんのことを吸収するとともに、それらを使う力を磨いていただきたい。

引用文献

日本学術会議／日本の展望委員会知の創造分科会(2010)『21世紀の教養と教養教育』
　http://www.scj.go.jp/ja/info/kohyo/pdf/kohyo-21-tsoukai-4.pdf, 2018年11月28日最終アクセス.
溝上慎一(2014)『アクティブラーニングと教授学習パラダイムの転換』東信堂.
新村 出編(2018)『広辞苑第7版』 岩波書店.
小学館『大辞泉』編集部編(2000)大辞泉増補・新装版　小学館.

シリーズ「大学と地域」刊行にあたって

プロジェクトチーム

古河　幹夫　　三戸　　浩　　綱　　辰幸

村上　雅通　　永野　哲也　　田中　一成

　かつて地方の若者が都市部に職と希望を求めて引き寄せられていった時代があった。明治時代から日本が近代国家をめざして権限と資金と人材を東京に集中させ、全国がその方向に従ってきた。だが、経済発展を遂げモノが溢れる時代を迎えて、人々は経済よりも文化や人とのつながりに、開発よりも馴染んできた生活様式への回帰に、スピードと競争よりも緩やかに流れる自然のリズムに心を惹かれつつあるのではないか。地域創成には各地方の切実な願いが込められているが、時代の底流での変化をも見る必要があるだろう。

　地方に存在する大学には地域創成にさいして「知」の中心になることが期待されている。大学はユニバーシティと称されるが、ユニバースは「世界」を意味する。その世界とは広くは宇宙のことであり、ビッグバンによる宇宙の始まりから生命の誕生、ヒトが出現し幾多の工夫・発明、争いと社会統合を経てこの地球で繁栄するにいたり、さまざまな宗教と言語をもった地域・国々を擁する現在の世界である。異なる文化間の相互理解は進みつつあるとはいえ、文明的な収斂の方向とアイデンティティへの固執との相克に世界は苦悶しているかに見える。大学とはこのユニバースの秘密、人間にかかわるすべてのことを考察・究明し、より良い社会のありようを議論する場であった。

　今日、大学は必ずしも学問・研究だけの場所ではない。18歳人口の過半数が大学に進学する時代において、職業につながる知識・技能、思考力やコミュニケーション力などを養う場所でもある。しかし、何らかの専門領域に関する基礎的知識を習

得することで、知の領域の宏大さと深さへの関心を培ってほしいと大学教員は願っている。

　長崎県立大学は学部学科改組を行い、今や5学部9学科を擁する九州でも有数の公立大学である。「大学と地域」と題するシリーズにおいて5つの学部がそれぞれ書籍を刊行することになった。各学部の研究内容をわかりやすく紹介している。長崎の地に根差した知の創造を志向するものも、また大都市の大学に負けない普遍的な研究を志向するものも含まれている。高校生や大学生の知的好奇心を喚起し、県立大学で皆さんと共に知を探究する議論ができることを期待している。

215

執筆者の紹介

綱　辰幸（長崎県立大学 地域創造学部 公共政策学科 教授）はじめに
　　　専門分野は財政、地方財政で、『現代財政の研究』（共著）などの著書がある。大学においては、「地方財政論」、「租税制度論」などを担当している。地域創造学部の創設時以来、学部長に就任。日本財政学会理事、日本地方財政学会理事。

古河　幹夫（長崎県立大学 地域創造学部 実践経済学科 教授）第Ⅰ部
　　　長崎県立大学地域創造学部教授。専攻分野は社会・経済システム論、経済政策論。陶磁器産地への関わりから波佐見町のまちづくりに注目。『波佐見の挑戦』『波佐見焼ブランドへの道程』（いずれも共編著）。2013年から副学長として、大学改革に努力する。『地方大学の挑戦』（共編著）

西岡　誠治（長崎県立大学 地域創造学部 公共政策学科 教授）第Ⅰ部
　　　30年余り国土交通省を初めとする行政機関で都市や交通に関する実務を経験する中、周囲の奨めと支えで研究と論文執筆に取り組んだ。現在はそれらを基に次世代育成に当たりつつ、学生らと共に地域課題に向き合う日々を送っている。

鳥丸　聡（長崎県立大学 地域創造学部 実践経済学科 教授）第Ⅱ部
　　　九州に関する地域・産業構造の調査研究を専門とする。地方銀行、地域シンクタンク・経営コンサルタント業務をこなしながら、九州経済白書も執筆。大学では「地域データ分析」「長崎白書実践演習」を担当。ゼミではビジネスプランの作成も指導している。

吉本　諭（長崎県立大学 地域創造学部 公共政策学科 准教授）第Ⅱ部
　　　博士（農学）。専門は、農業経済学、地域経済学。大学での担当科目は、「地域経済論」、「地域分析法Ⅰ」、「地域分析法Ⅱ」など。主な研究は、農業及び関連産業の地域経済分析など。主な論文に、「長崎県における農業の経済波及効果―産業連関分析による定量的推計―」『長崎県立大学 経済学部論集』第48巻第4号（2015年）などがある。

石田　聖（長崎県立大学 地域創造学部 公共政策学科 講師）第Ⅲ部
　　　合意形成論、市民参加論を専門とし、主に合意形成の理論と実践、その支援を行う中間支援組織やプロセス設計を対象に研究している。大学では「政治学概論」「地方政治学」「市民参加論」を担当。インターンシップ等実践科目の指導・サポートも実施している。

田村　善弘（長崎県立大学 地域創造学部 実践経済学科 准教授）第Ⅲ部
　　　農業経済学、食料流通論を専門とし、近年は食料消費に関わる問題の研究に取り組んでいる。大学では「農業経済論」、「フードシステム論」を担当。主要業績に『新たな食農連携と持続的資源利用―グローバル化時代の地域再生に向けて―』（共著）がある。

芳賀　普隆（長崎県立大学　地域創造学部　実践経済学科　講師）第Ⅲ部

　　　専門は環境経済学・環境政策論。講義科目は「環境経済学」、「環境政策論」などを担当している。近年、地域における再生可能エネルギー普及・活用に関する調査・研究を行っている。

鶴指　眞志（長崎県立大学　地域創造学部　実践経済学科　元講師）第Ⅳ部

　　　現在、大阪市立大学地域連携センター事業コーディネーター。専門は交通経済論。都市及び地域公共交通の運営と政策を研究テーマとする。また、特に長崎県立大学在任中にゼミを通じて様々な地域貢献活動にも積極的に取り組んだ。

黒木　誉之（長崎県立大学 地域創造学部 公共政策学科 准教授）第Ⅳ部

　　　専門は行政学、地方自治論、参加・協働論。防災士。大学では、「行政学」「地方行政論」等を担当。主要な研究業績として共著書に『現代自治行政学の基礎理論』（成文堂）、『地方自治の法と政策』（法律文化社）等がある。

橋本　優花里（長崎県立大学地域創造学部公共政策学科　教授）第Ⅳ部

　　　専門は、認知神経心理学、高等教育。大学では、「教育方法技術論」、「教育心理学」などの講義を担当。共著書に、『わかって楽しい心理統計法入門』（北大路書房）、『学生の納得感を高める大学授業』（ナカニシヤ出版）、『かかわりを拓くアクティブ・ラーニング』（ナカニシヤ出版）等がある。

　　編集委員会
　　綱　辰幸　　西岡　誠治　　後藤　正之　　烏丸　聡　　石田　聖

シリーズ「大学と地域」2

"知"と"地"の新たな創造
―地域創造学部―

発　行　日	初版 2019 年 3 月 31 日
著　　　者	長崎県立大学地域創造学部編集委員会
発　行　人	片山 仁志
編　集　人	堀 憲昭　川良 真理
発　行　所	株式会社 長崎文献社 〒850-0057 長崎市大黒町3－1　長崎交通産業ビル 5 階 TEL. 095-823-5247　FAX. 095-823-5252 ホームページ http://www.e-bunken.com
印　刷　所	オムロプリント株式会社

©2019 Nagasaki Bunkensha, Printed in Japan
ISBN978-4-88851-313-5　C0037
◇無断転載、複写を禁じます。
◇定価は表紙に掲載しています。
◇乱丁、落丁本は発行所宛てにお送りください。送料当方負担でお取り換えします。